Hacia una hermenéutica intercultural:
Ortega, Gadamer y Taylor

Javier Gracia Calandín

Hacia una hermenéutica intercultural: Ortega, Gadamer y Taylor

PETER LANG

Berlin · Bruxelles · Chennai · Lausanne · New York · Oxford

Información bibliográfica publicada por la Deutsche Nationalbibliothek
La Deutsche Nationalbibliothek recoge esta publicación en la Deutsche
Nationalbibliografie; los datos bibliográficos detallados están disponibles en Internet en
http://dnb.d-nb.de.
Catalogación en publicación de la Biblioteca del Congreso
Names: Gracia Calandín, Javier, 1978- author
Title: Hacia una hermenéutica intercultural: Ortega, Gadamer y Taylor /
    Javier Gracia Calandín.
Description: Berlin; New York: Peter Lang, [2025] | Includes bibliographical references.
Identifiers: LCCN 2025044832 (print) | LCCN 2025044833 (ebook) | ISBN 9783631942420
    Print | ISBN 9783631942437 E-PDF | ISBN 9783631942444 E-PUB
Subjects: LCSH: Ortega y Gasset, José, 1883-1955 | Gadamer, Hans-Georg, 1900-2002 |
    Taylor, Charles, 1931- | Hermeneutics | Intercultural communication
Classification: LCC B4568.O74 G627 2025 (print) | LCC B4568.O74 (ebook)
LC record available at https://lccn.loc.gov/2025044832
LC ebook record available at https://lccn.loc.gov/2025044833

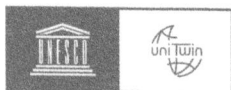

unesco

Cátedra

Imagen de portada: Steve Johnson/Pexels.

ISBN 978-3-631-94242-0 (Print)
ISBN 978-3-631-94243-7 (ePDF)
ISBN 978-3-631-94244-4 (ePUB)
DOI 10.3726/b23159

© 2025 Peter Lang Group AG, Lausanne (Suiza)
Publicado por Peter Lang GmbH, Berlin (Alemania)

info@peterlang.com

www.peterlang.com

Índice

La Interculturalidad en el Horizonte de la Hermenéutica Filosófica

Cuando la vida que queremos entender nos es muy distante y enigmática, el método más seguro de insinuarnos en ella será comenzar por su periferia y fijar su horizonte.

José Ortega y Gasset [1924][1]

¿Existen realmente dos horizontes distintos, aquel en el que vive el que entiende [*in dem der Verstehende lebt*] y el horizonte histórico al que éste pretende desplazarse? [...] El horizonte es más bien algo en lo que hacemos nuestro camino y que hace el camino con nosotros. El horizonte se desplaza al paso de quien se mueve.

Hans-Georg Gadamer [1960][2]

En realidad, la experiencia nos mostrará casi siempre que cuando queremos entender otra sociedad de manera adecuada, no debemos adoptar nuestro lenguaje de la comprensión ni el de ella, sino más bien lo que podríamos llamar un lenguaje de contrastes perspicaces [*language of perspicous contrasts*]

Charles Taylor, [1983][3]

La hermenéutica filosófica constituye una de las principales tradiciones de pensamiento filosófico contemporáneo. Se trata de una tradición que ha ido aquilatándose a lo largo del siglo XX y de las primeras décadas del XXI hasta

---

[1] Ortega y Gasset, J., "Las Atlántidas", *Obras completas*, 2005, vol. III, p. 754.
[2] Gadamer, H.G., *Verdad y método*, Sígueme, Salamanca, 1977, pp. 374–375.
[3] Taylor, Ch., "Comprensión y etnocentrismo", *La libertad de los modernos*, Amorrortu, Buenos Aires, 2005, pp. 211.

el punto de constituir uno de los enfoques filosóficos más fecundos y sin la cual resulta difícil entender algunos de los principales debates que tienen lugar en nuestros días. Tal es, por ejemplo, la división entre las ciencias o ramas de conocimiento o más específicamente los métodos propios de cada una de dichas disciplinas.

Como es sabido, el origen del término "hermenéutica" se remonta al siglo XVII y fue empleado para significar el arte de la interpretación, refiriéndose a un conjunto de reglas que debían seguirse para llevar a cabo una exégesis adecuada. Se trataba de una "disciplina auxiliar" que proporcionaba el tipo de instrucciones metodológicas necesarias para poder interpretar textos jurídicos, religiosos, o profanos. Sin embargo, en la época contemporánea el término "hermenéutica" da un giro filosófico decisivo y oficialmente suele asociarse con la obra del filósofo alemán Hans-Georg Gadamer, que puso en el centro de la reflexión filosófica la interpretación y la comprensión humana como el elemento constitutivo de su acceso al mundo. En la obra de Gadamer puede rastrearse la herencia de Martin Heidegger, pero también la de otros autores anteriores como Schleiermacher, Droysen o Dilthey. A pesar de estos antecedentes o más bien cabría decir gracias a ellos, es decir, en virtud de la recuperación de sus planteamientos y la reformulación de algunas problemáticas que ya estaban presentes en aquellos, cabe entender la filosofía de Gadamer como una "nueva hermenéutica" o más propiamente como "hermenéutica filosófica".[4]

La novedad de la hermenéutica filosófica radica en considerar y elevar a problema filosófico fundamental la interpretación, que hasta entonces se había entendido como una cuestión de método, y situar en el centro de la reflexión el humano "entender" (*Verstehen*). Al hacerlo replantea la problemática en torno a la historicidad universal que desde Hegel había sido tal vez el problema más relevante y paralizador de la filosofía. ¿Es posible encontrar una verdad concluyente dentro del horizonte de un mundo que se entiende como histórico? Al menos, dos respuestas con sus diversas modulaciones caben dar inicialmente a esta pregunta. En primer lugar, la deriva relativista que cuestiona o niega que una tal verdad concluyente pudiese alcanzarse y defiende el carácter irrebasable de los contextos históricos y sociales. En segundo lugar, la vía historicista que con ciertas pretensiones de alcanzar un punto de vista

---

[4]   Grondin, J., *Introducción a la hermenéutica filosófica*, Herder, Barcelona, 1999.

objetivo alude a una autoridad supratemporal que permita trascender la historicidad. He aquí la paradoja historicista de referirse a la historia desde fuera de la historia dando pábulo y legitimidad a la validez de normas que por ello habrían de ser ahistóricas.

Ambas alternativas se presentan como extremos contrarios ante la cuestión de la historicidad y la de una posible verdad concluyente. Sin embargo, si agudizamos la mirada podemos detectar que ambas comparten un mismo presupuesto, a saber, la alusión a una forma de verdad absoluta. Y es que aunque la deriva relativista parece negar que exista dicha verdad, por el contrario, se basa en la tesis dogmática de que todo es relativo, la cual solo puede adquirir sentido en el horizonte de una verdad no relativa, es decir, absoluta y supratemporal. ¿Desde dónde si no podría juzgarse una opinión como meramente relativa en su validez? En el fondo el relativismo incurre en la misma pretensión de aludir a una verdad supratemporal que el historicismo.

En esta encrucijada de la circunstancia histórica es en la que la hermenéutica ofrece una nueva vía, desligándose del historicismo y repensando la relatividad de los contextos desde las estructuras del humano entender e interpretar. Y conviene reparar en que la relatividad de los contextos y las circunstancias vitales no ha de querer decir necesariamente relativismo y menos aún nihilismo respecto a la cuestión de la verdad en todos los autores que podemos situar en la estela de la hermenéutica filosófica. Este es el caso de los tres autores en el que nos centramos en esta obra: José Ortega y Gasset, Hans-Georg Gadamer y Charles Taylor.

Ortega (1883–1955), Gadamer (1900–2002) y Taylor (1931-) pertenecen a tres generaciones diferentes en las que la hermenéutica filosófica se modula de modo diverso, pero con notables puntos de convergencia en aspectos fundamentales. Aunque entre ellos hay una diferencia generacional constituyen tres magníficos exponentes de la hermenéutica filosófica, que haciéndose cargo de las pretensiones de verdad del entender humano, sin embargo, no buscan salirse de la propia historicidad humana sino precisamente adentrarse en ella. Todos ellos han sido muy prolijos y ricos en sus obras, aquí nos interesa su contribución más específica que permite alumbrar la posibilidad de una hermenéutica intercultural. Y para ello es realmente significativo retomar la doctrina del punto de vista y el carácter de horizonte del humano entender.

Como elocuentemente expresa Ortega (sobre ello nos detenemos en el capítulo primero) se trata de hacerse cargo de la doctrina del punto de vista para reparar en la verdad del perspectivismo. Porque no es posible salirse de la propia época histórica y de los condicionantes históricos desde los cuales se accede al mundo. Por lo tanto, pretender situarse en un punto de vista absoluto, carente de condicionantes históricos, implica quedar desprovistos de las condiciones que a su vez posibilitan que sea posible comprender. Las condiciones limitadoras son, a su vez, condiciones posibilitadoras y esto implica un giro radical respecto a los planteamientos historicistas del siglo XIX, pero también en buena medida respecto a la fenomenología. Esto es bastante evidente en Gadamer[5], pero a nuestro modo de ver también en Ortega. Pues como veremos en el segundo capítulo al menos desde 1914 en *Meditaciones del Quijote*, asistimos de modo original en Ortega y Gasset a un nuevo replanteamiento hermenéutico del carácter constitutivo de la circunstancia histórica y la superación del reduccionismo eidético y el idealismo remanente del método fenomenológico, incidiendo ya en la radicalidad de la vía de la razón vital. En el fondo no es posible eliminar esta circunstancia histórica y vital sin dejar de comprender al ser humano en su radicalidad.

En esta misma línea superadora del idealismo de la conciencia se sitúa Gadamer en *Verdad y método* al criticar el esquematismo basado en los datos últimos de la conciencia por no ser suficientemente radical. En su reconstrucción y transformación hermenéutica de la fenomenología incide, por el contrario, en la necesidad de recuperar la radicalidad de los conceptos husserlianos de "horizonte" y de "mundo de la vida". Es en la reformulación hermenéutica (no especulativa sino vivencial o experiencial) de estos conceptos donde encontramos el camino hermenéutico para superar el reduccionismo eidético de la conciencia y replantear en toda su radicalidad "el problema de la intersubjetividad y la comprensión del yo extraño".[6]

---

[5] Véase especialmente el capítulo 8 de Gadamer, H.-G., *Verdad y método, op. cit.*

[6] Gadamer, H.-G., *Verdad y método, op. cit.*, p. 314. En el prólogo que Gadamer escribió originalmente a la versión francesa del libro *Introducción a la hermenéutica filosófica, op. cit.* de Grondin, expresa de modo muy elocuente la "fecunda transformación asimiladora" del entender hermenéutico respecto a la fenomenología: "el entender [*Verstehen* y no *Begreifen*] constituye la estructura fundamental de la existencia humana, por lo que viene a situarse en el centro de la filosofía. De este modo pierden su primacía la subjetividad y la autoconciencia, que en Husserl todavía encuentran su

Por su parte, Charles Taylor ha criticado de diversos modos las pretensiones cientificistas del naturalismo de adoptar un punto de vista "desde ninguna parte" y la necesidad de repensar los trasfondos de significados culturales desde el célebre concepto gadameriano de la "fusión de horizontes". De modo reiterado encontramos sus objeciones al cientificismo moderno aplicado en la comprensión de sociedades primitivas, pero juntamente con aquellas objeciones se encuentran sus críticas de signo contrario al relativismo incorregible que concibe las culturas como realidades cerradas. Pensar en términos de horizonte hermenéutico implica distanciarse tanto del cientificismo del "desde ningún lugar" como del confinamiento del relativismo incorregible.

De los tres autores mencionados tal vez por su proximidad en el tiempo y su peculiar circunstancia quebequesa, Taylor es el que de modo más explícito y recurrente alude a la interculturalidad. Pero tanto en Ortega como en Gadamer encontramos poderosos indicios para establecer una conexión que permita entender el entramado del horizonte hermenéutico de la interculturalidad.

****

La vía hermenéutica para plantear el problema de la temporalidad no pasa por salirse de la historia, ni tampoco por pretender atraparla, pues "en realidad no es la historia la que nos pertenece, sino que somos nosotros los que pertenecemos a ella" (Gadamer, 1977:344). Hay por así decir una comprensión de fondo o latente, el trasfondo, que ya habla en nosotros antes de que nosotros nos entendamos a nosotros mismos. Estamos inmersos en la historia, no como quien se sitúa frente a ella sino como el que está *en* ella. Y esto es lo que expresa el concepto hermenéutico de "situación" (en Gadamer) o "circunstancia" (en Ortega). Pues la "circunstancia" o "situación hermenéutica" no es objetivable al modo de la objetividad pretendida en la experimentación científica, sino que se trata de entender (*in-tendo*, tender hacia) la situación partiendo de los

expresión en el ego trascendental. En su lugar se sitúa el otro, que ya no es objeto para el sujeto, sino que éste se halla en una relación de intercambio lingüístico y vivencial con el otro. Por eso, el entender ya no es un método, sino una forma de convivencia entre aquellos que se entienden", Gadamer, H.-G., *Verdad y método, op. cit.*, p. 12. Una crítica similar a la fenomenología de Husserl la encontramos también en una de las últimas obras de Paul Ricoeur titulada *Caminos del reconocimiento*, Trotta, Madrid, 2005, p. 164ss.

propios prejuicios y examinando cuáles de ellos se confirman desde y "en las cosas". La preestructura del entender implica la ineludible referencia a la circunstancia o situación. Pero la circularidad no es viciosa en la medida que las proyecciones del sí mismo no se reducen a ocurrencias o arbitrariedades y su relación con la circunstancia, *su* circunstancia, es la de apropiación. Solo aquel proyecto que se confirma "en las cosas" es realmente fecundo ("efectual"; "Wirk-" según la raíz alemana), es decir, cobra pleno sentido. En todo este proceso de entender más y mejor es clave el tomar conciencia de los propios prejuicios y examinarlos.

De diversos modos Gadamer destaca el carácter histórico de la "situación hermenéutica" y abunda en el ser histórico que nunca se agota en el saberse. Pero juntamente con este carácter histórico cabe cuestionar si acaso dicha situación hermenéutica no comporta a su vez un carácter cultural e intercultural. ¿Qué aspectos culturales tiene la situación hermenéutica que nos permite entender mejor el humano entender? O, por decirlo así, ¿tener en cuenta el carácter cultural de la situación hermenéutica nos hace más conscientes de los posibles malentendidos entre diversas culturas que comparten un mismo momento histórico?

En los capítulos 3 y 4 reparamos en que Gadamer se ha ocupado prolijamente en la dimensión histórica de la situación hermenéutica y en la dinámica histórica que permite ampliar o ensanchar el entendimiento, incluso generar una "fusión de horizontes", que permita escuchar la pluralidad de voces en la tradición. Pero, ¿qué cabría decir de la diversidad de tradiciones o incluso culturas que se encuentran en un mismo momento histórico? ¿Cómo se modula entonces el enfoque hermenéutico filosófico para poder entender el encuentro intercultural?, ¿sería posible avanzar en la dirección de una hermenéutica intercultural en el que la "*Bildung*" (formación) se entienda a lo largo y ancho de las "culturas"?

Ensayar la ruta hermenéutica en la que la cultura en sentido etnográfico constituya un rasgo definitorio de la circunstancia o situación hermenéutica es entender que no solo hay horizontes históricos que pueden fusionarse merced a la tradición, sino que hay horizontes culturales que pueden ensancharse en virtud del entendimiento intercultural. A este respecto convendría recordar con Gadamer[7] el aquilatado valor filosófico del término "horizonte", que al

---

[7]   Gadamer, H.-G., *Verdad y método, op. cit.*, p. 373.

menos desde Nietzsche o Husserl remite al punto de vista finito y situado desde el que se alcanza a ver. El horizonte no es una mera proyección sino el espacio mismo que permite proyectar; es la línea que se dibuja en el futuro anticipado y que da sentido al proyecto en el que ya se está siendo. Una línea que no es fija sino un contorno dinámico que siempre es determinado, finito y limitado, pero que se puede modificar, ampliar y ensanchar. Pero tal vez más allá de Gadamer hay que pensar la hermenéutica filosófica desde el "horizonte intercultural" para ver las posibilidades que esta confiere como ensanchamiento. Ensanchamiento tanto de la hermenéutica a la luz de la interculturalidad, como de la interculturalidad a la luz de la hermenéutica. Veamos.

La interculturalidad constituye tal vez uno de los rasgos más característicos de nuestro "horizonte histórico". Ella misma se eleva como "horizonte intercultural" en la medida que si no es en el cruce o encrucijadas culturales sería imposible alcanzar a ver y entender nuestra actual situación. La dinamicidad propia del concepto de horizonte está muy estrechamente vinculada con la interculturalidad en la medida que se alude al cruce o encuentro entre gentes de culturas diferentes. Pero además al incidir en el "horizonte intercultural" cabría preguntarse si se está ampliando el campo visual de la propia hermenéutica filosófica, más allá del sentido efectual de la historia a través de las tradiciones, hacia un genuino encuentro intercultural.

Pero si es cierto que incidir en el horizonte intercultural lleva a repensar la matriz filosófica de la hermenéutica, no lo es menos que entender la interculturalidad como situación y horizonte hermenéutico lleva también a perfilar la interculturalidad con unos contornos determinados. Y lo primero que habría que advertir es que conviene no confundir la "interculturalidad" con la "multiculturalidad". Mientras que el término "multiculturalidad" solo alude a la pluralidad existente de culturas en una sociedad, lo cual no deja de ser un rasgo descriptivo; por su parte, el prefijo "inter" incide en la conexión que se da entre gentes de diversas culturas. Alude por lo tanto a algo más que la mera coexistencia e insta a pensar dicha diversidad desde el encuentro, el diálogo y la convivencia. Porque conviene no olvidar que a lo largo de la historia humana la interrelación de culturas diferentes ha sido vista las más de las veces más como un problema que como una oportunidad. Las sociedades por lo general han buscado más la homogeneidad y fortalecer la cohesión entre los miembros del mismo grupo cultural, tendiendo a definir su identidad más por oposición y exclusión de las demás culturas que por el diálogo y la inclusión. La forma de resolver el problema de la diversidad cultural ha sido con frecuencia el de la esclavitud, el genocidio, la expulsión, la imposición de la cultura dominante, y un largo etcétera que llevan a biografiar la inhumanidad de las sociedades humanas[8].

Al repensarla desde la hermenéutica filosófica la cultura no se reduce a aspectos exclusivamente epistemológicos u ontológicos, ni tan siquiera estrictamente antropológicos o sociológicos. De hecho, la cultura en el marco de la fusión hermenéutica de horizontes remite más pronto o más tarde a una "interculturalidad" latente o manifiesta en toda cultura (sobre esto abundamos en los capítulos 3 y 4). Más si cabe, la relevancia ética de la hermenéutica filosófica queda de manifiesto cuando se busca pensar la interculturalidad en los términos de encuentro, diálogo y convivencia entre personas que buscan entenderse entre sí (tal y como planteamos en el capítulo 5). Y es esta confesada aspiración ética la que atraviesa a la hermenéutica intercultural como hilo conductor. Por lo tanto, concebir la cultura como horizonte hermenéutico implica asumir que los contornos que la definen son dinámicos y no son fronteras fijas e irrebasables sino rasgos constitutivos que van haciéndose y en los que el pasado es solo una parte que ha de ser pensado y repensado en función de horizontes que abren al futuro y que se van proyectando desde la vivencia y, sobre todo, la convivencia con otros.

Abordar la interculturalidad desde la hermenéutica muestra su fecundidad en la medida que el concepto de cultura no queda extirpado del vínculo original con la humanidad. Y es esto lo que permite incidir con mayor énfasis en la importancia del "entre" (inter-) pues es en ese espacio de interacción y encuentro en el que se permite definir cada una de las culturas, no de modo excluyente sino en una interdependencia recíproca. En el centro de la hermenéutica filosófica no está una cultura o la otra sino el encuentro de personas humanas de diversas culturas. Personas que se entienden a sí mismas en la interacción y desde la interacción con personas de otras culturas y cuya principal característica es dejarse cuestionar, abandonar el dogmatismo y comenzar por tomar conciencia de sus propios prejuicios. Aquí cobra todo su sentido la primacía hermenéutica de la pregunta y la escucha.

---

[8]   Marina, J. A., *Biografía de la inhumanidad. Historia de la crueldad, la sinrazón y la insensibilidad humana*, Madrid, Ariel, 2021.

Desde luego no es tarea fácil habilitar el espacio para repensar el lugar que existe "entre" las culturas. Se trata de una posición que se encuentra en tensión (la tensión constitutiva del entender, *in-tendere*) y cuyo equilibrio cuesta mantener porque no se puede pretender abandonar la dimensión del punto de vista que se sabe en movimiento, en el flujo de la vida, haciendo la experiencia intercultural. La hermenéutica intercultural invita a realizar el tránsito del centrismo (etnocentrismo, eurocentrismo, etc.) a la interculturalidad, que implica hacerse cargo de las periferias y contornos de cada cosmovisión, poniendo en el centro el horizonte hermenéutico y la dimensión relacional que permite la experiencia intercultural. Es una posición que se sabe en pie de igualdad y que se articula mediante la conversación.[9] Por eso para combatir los diversos modos de centrismos anuladores y excluyentes de la diversidad es tan importante centrarse en esos contornos que permiten el contraste y a partir de los cuales cobran significado las diferencias entre unas formas de vida y las otras. De este modo, en el enclave hermenéutico, la diferencia no es algo que haya que anular sino una condición de posibilidad de la propia identidad. Una identidad que ya no es fija ni estática, sino compleja, plural y ante todo dinámica, porque asume que el horizonte es algo que se mueve a medida que vamos avanzando.

Esta forma hermenéutica de pensar la propia cultura desde la interculturalidad comporta una relevancia ética que conviene destacar. Si como hemos visto el entender (*Verstehen*) como estructura fundamental de la existencia humana permite situar al otro en una relación vivencial y ya no busca la comprensión (*begreifen*) de aquel como objeto, entonces es necesario detenerse a indagar cuáles son los aspectos más significativos de esta "forma de convivencia entre aquellos que se entienden". Porque la hermenéutica no pretende la objetivación sino el escucharse mutuamente. Pero esto no quiere decir anular la capacidad axiológica y normativa propia de la convivencia. Para entenderse hace falta captar los trasfondos vivenciales y ser capaz de entender las preferencias, los valores, las evaluaciones fuertes, los marcos normativos, las aspiraciones, las fuentes morales y los bienes que dan sentido a las prácticas

---

9 "Al cuestionar el modelo sujeto/objeto como modelo para las ciencias humanas, Gadamer ha mostrado la gran importancia que tiene el intercambio igual para poder superar realmente las barreras culturales" (Dreyfus, H. y Taylor, Ch., *Recuperar el realismo*, Rialp, Madrid, 2016, p. 207).

culturales. Todo este entramado que forma el *ethos* de los individuos y los pueblos es precisamente la ética. Tal vez uno de los mayores desafíos éticos sea repensar la propia cultura desde la interculturalidad, entenderla desde la periferia, desde el paisaje de la diversidad. Una interculturalidad que pensada desde la hermenéutica filosófica siempre es situada y concreta, pero que no ha perdido la referencia y reflexión en torno al hilo conductor de la *Bildung* o formación de la humanidad, porque no ha eliminado el nervio crítico de la comprensión.

Precisamente el capítulo sexto que integra este volumen se centra en la dimensión ética de la hermenéutica intercultural que se busca. A este respecto, la propuesta de Charles Taylor de una ética y política en clave hermenéutica que responda a los desafíos de una sociedad intercultural resulta de enorme provecho. La obra del filósofo quebequés constituye, a nuestro modo de ver, uno de los referentes filosóficos actuales más fecundos para pensar a fondo el pluralismo de nuestras sociedades sin renunciar a la entraña liberal que permite precisamente dicho pluralismo. Un liberalismo que no es ciego a la diversidad sino más bien lúcido en reconocer las diferencias enriquecedoras que se han de fomentar y que busca establecer el marco axiológico y normativo del diálogo a partir de la convivencia entre los miembros de las diversas culturas que componen dicha sociedad. A este respecto se destacan los rasgos característicos del reconocimiento intercultural desde un prisma hermenéutico. Y se presenta, por lo tanto, como un ensayo que pretende aclarar el concepto de reconocimiento y responder a la cuestión acerca de la posibilidad de considerar un reconocimiento propiamente intercultural. Pues es clave para el horizonte intercultural indagar en los rasgos propios y más específicos del reconocimiento.

El séptimo y último capítulo rastrea las claves del diálogo intercultural desde el enfoque de la hermenéutica filosófica. Frente a los discursos cerrados y sordos a la otredad, se plantea una concepción del diálogo basada en la conversación genuina: un espacio compartido donde las preguntas, más que las respuestas, abren posibilidades de encuentro. Desde el enfoque de la hermenéutica intercultural, el diálogo es una práctica de apertura mutua que requiere escucha activa, disposición al asombro y creación conjunta de nuevas narrativas que trasciendan marcos culturales rígidos. El capítulo subraya que este tipo de diálogo es especialmente urgente en contextos marcados por el dolor, la vulnerabilidad o el conflicto. Aquí, la escucha adquiere un valor sanador, ético y político, pues implica reconocer las heridas del otro sin reducirlas a categorías abstractas. Más que como un acuerdo, el diálogo intercultural se presenta como un acorde entre diversas voces, también como una resonancia entre razón y corazón, donde la racionalidad no excluye, sino que ancla en la compasión. De este modo, se propone que es desde el diálogo atento a la otredad, respetuoso con el silencio e incluso consciente de las incomprensiones, como se pueden tender puentes fecundos entre culturas diversas.

****

Cabe decir que el libro surge como resultado de la recopilación de algunas de mis contribuciones para la elaboración de una hermenéutica filosófica intercultural. Han sido numerosos los artículos y capítulos de libros publicados sobre la temática a lo largo de más de veinte años de investigación doctoral y posdoctoral. En este volumen se recogen algunos de los frutos más granados de dicha investigación. Versiones previas de los capítulos que componen esta obra vieron la luz bajo la forma de artículos en revistas científicas (*Daimon, Ideas y Valores, Acta Philosophica, Diálogo Filosófico*) y capítulos de libro en editoriales especializadas (Plaza y Valdés y Comares).[10] Todos ellos han sido revisados, actualizados y agrupados con el sentido de servir de apoyo para todo aquél que desee adentrarse en el intrincado pero apasionante horizonte de la interculturalidad desde la matriz de la hermenéutica filosófica. A ellos he añadido dos textos inéditos que vienen a completar el elenco de capítulos contenidos en este volumen.

Antes de finalizar desearía dedicar unas breves líneas de agradecimiento. En primer lugar, agradecer a todos aquellos directores de revistas y de editoriales que han permitido que realicemos una versión corregida y actualizada de los trabajos que, en su día, aparecieron en sus publicaciones. Las investigaciones contenidas en estos artículos se vieron beneficiadas por los comentarios realizados por los revisores de dichas revistas. Confiamos en que este libro

---

[10] Al comienzo de cada capítulo o apartado indico en nota al pie la referencia de la procedencia del texto original, que en todos los casos ha sido revisado y actualizado para la presente edición.

contribuya a esclarecer la posibilidad de perfilar una hermenéutica filosófica intercultural a la altura de nuestro tiempo.

No puedo dejar de acordarme de multitud de diálogos, seminarios e intercambios de los que se ha visto beneficiado este libro. Empezando por el grupo de la "RIEF (Red de innovación educativa en la Filosofía)", que desde 2017 tengo el gusto de coordinar. Asimismo, también el de "Democracia y Éticas aplicada" donde la huella de la hermenéutica filosófica es todavía visible. En los últimos años han constituido un impulso fundamental los diversos proyectos que solicité como responsable y que fueron concedidos por la Cátedra Unesco de la Universidad de Valencia de *Estudios sobre el desarrollo* y que hicieron posible realizar jornadas con personas refugiadas e inmigrantes. No puedo olvidarme tampoco de todos aquellos diálogos fructíferos con las numerosas y diversas promociones de estudiantes que desde comienzos de este tercer milenio he tenido la fortuna de tener en mis clases. Todos ellos han contribuido a tensar más el arco del pensamiento, que doblándose sobre sí en un ejercicio de reflexión (re-flexión) consigue apuntar más alto, abriendo nuevas posibilidades y ganando nuevos horizontes.

La interculturalidad es sin duda uno de los temas de nuestro tiempo. Este libro se propone abordarlo a fondo con las herramientas conceptuales que ofrece la hermenéutica filosófica. En concreto, la propuesta es actualizar e ir sobre la pista del legado filosófico de tres grandes filósofos contemporáneos como son José Ortega y Gasset, Hans-Georg Gadamer y Charles Taylor. En los albores del segundo cuarto del siglo XXI volvemos a sus escritos no para repetir sin más lo que ellos dijeron, sino para repensarlo con hondura y así ensanchar su pensamiento con el nuestro hacia una más amplia y fecunda fusión de horizontes.

José Ortega y Gasset y la Perspectiva Intercultural[11]

1. LA DOCTRINA ORTEGUIANA DEL PUNTO DE VISTA

La introducción de la expresión "punto de vista" en la filosofía de José Ortega y Gasset está directamente vinculada con el deseo y la necesidad de pensar España desde el punto de vista europeo. En un breve pero enjundioso artículo del 27 de febrero de 1910, Ortega sostiene que "España es una posibilidad europea. Solo mirada desde Europa es posible España".[12] Es la primera vez que en los escritos del filósofo español encontramos la introducción de la expresión "punto de vista" como una clave filosófica fundamental para pensar el problema de España, que tanto preocupó a Ortega a lo largo de toda su vida. En este escrito ya es manifiesta la defensa de una europeización de España, pero no al modo de otras tradiciones sino para "la obtención de una nueva forma de cultura distinta de la francesa, la alemana… queremos la interpretación española del mundo".[13] De modo muy elocuente Ortega, que

---

[11] Una versión previa de este capítulo fue publicada en la revista *Daimon. Revista internacional de Filosofía*, nº 75, 2018, pp. 147–160.

[12] Ortega, J., "España como posibilidad", *Obras completas. Vol. I*, Fundación José Ortega y Gasset/Taurus, Madrid, 2004–2010, p. 337. En la manera reducida de citar introduzco el volumen de las recientes y última edición de las obras completas por La fundación Ortega y Gasset/Taurus para que no haya confusión y se pueda identificar el lugar preciso.

[13] *Ibíd.*

recientemente había estado en Leipzig, Berlín y Marburgo y que no en vano al año siguiente volvería a Marburgo cuestionaba:

> ¿[D]ónde está el horizonte, dónde está realmente la rotunda línea, magnífica, de la amplia visión? ¿Es la tierra quien hace ancho el horizonte? ¿No es más bien el punto de vista?[14]

A mi modo de ver en este artículo seminal de febrero de 1910 ya podemos encontrar algunas de las principales líneas para comprender lo que posteriormente en obras más importantes como *Meditaciones del Quijote* (1914) o *El tema de nuestro tiempo* (1923) desarrollará y al que dedicará todo un capítulo intitulado "La doctrina del punto de vista". Pero además también en él encontramos las claves hermenéutico-interculturales desde las que entender y desarrollar un punto de vista intercultural a la altura de nuestro tiempo, más de un siglo después.

Como es bien sabido, el décimo y último capítulo de *El tema de nuestro tiempo* lleva por título "La doctrina del punto de vista". En él Ortega ofrece un enfoque alternativo tanto al intelectualismo como al relativismo. Un enfoque que permite una "síntesis más franca y sólida" entre cultura y vida, en el que tanto el culturalismo como el vitalismo al fundirse desaparezcan. En su lugar, Ortega propone el perspectivismo o "doctrina del punto de vista".

La expresión "punto de vista" y el término "perspectiva" están estrechamente unidos en la lengua española donde frecuentemente se emplean como sinónimos. En ambos casos se alude al "espectador", el que mira u observa, figura por cierto muy recurrente en la obra de Ortega.[15] La quinta acepción del término "perspectiva" en el diccionario de la RAE alude a esta sinonimia: "punto de vista desde el cual se considera o se analiza un asunto". También Ortega los emplea en muchas ocasiones como intercambiables.[16] Sin embargo, conviene llamar la atención de que la significación del término "perspectiva" es más polisémica. El origen del término (per-spectiva) significa "relativo a lo que se mira", que a su vez se deriva de "perspicere", mirar atentamente o a través de algo. Lo cual contiene ya un rasgo característico del vocablo

---

14 *Ibíd.*
15 Ortega, J., "Verdad y perspectiva", *op. cit.*, vol. II, p. 159ss.
16 Ortega, J., "La doctrina del punto de vista", *op. cit.* vol. III, pp. 611–616, 647; Ortega, J., "Sobre unas 'memorias'" *op. cit.*, vol. IV, p. 185; Ortega, J., "Los aspectos y la cosa entera", *Obras completas, op. cit.*, vol. IX, pp. 600–606.

introduciendo más explícitamente la dimensión regulativa, pues no se trata solo de visión sino de "visión penetrante". A este respecto conviene no olvidar que de "perspectiva" deriva "perspicaz", de vista penetrante, con agudeza, que alcanza mucho (dicho de una persona, que tiene este ingenio). Así también, la sexta acepción del DRAE incide en la dimensión axiológica e incluye de modo más explícito que la "perspectiva" se trata de una "visión más ajustada de la realidad". Este es el significado de la expresión castellana "perder o ganar perspectiva". Asimismo, cuando el vocablo perspectiva va pospuesto de la preposición "en" alude a que algo se entiende como proyecto o con posibilidades para un futuro.

Ortega deja claro que el punto de vista no es la vida propiamente, pero tampoco es la negación de aquella. A diferencia del racionalismo o del huero idealismo que ha buscado la oposición y negación de la vida, Ortega entiende que el punto de vista aumenta la vida y dilata la realidad en torno nuestro. Es importante por lo tanto entender la doctrina del punto de vista en su vínculo con la vida, sin separarla de aquella. En un célebre pasaje de *Meditaciones del Quijote*,[17] refiriéndose al sentido platónico originario del término, Ortega sostiene que en el fondo las "ideas" no son más que "puntos de vista", "visiones" que dan mayor claridad, que como un nuevo órgano abre en nosotros una porción de mundo.[18]

Frente al "idealismo mucilaginoso y pueril" que es denunciado de modo muy elocuente en las primeras páginas de sus *Meditaciones del Quijote*, Ortega introduce de una manera decisiva el concepto de "perspectiva" para referirse a "el ser definitivo del mundo", el cual no es por tanto ni alma ni materia, sino "perspectiva".[19] Contra el egipticismo de los conceptos podríamos reivindicar la doctrina del punto de vista que se sabe en la localización y la pluralidad;

---

[17] Ortega, J., *Meditaciones del Quijote, Obras completas, op. cit.*, vol. I, p. 789.
[18] Años más tarde, en "Los aspectos y la cosa entera" (perteneciente al escrito póstumo de 1943 *Epílogo de la Filosofía*), volvería a abogar por volver a una versión más exacta del término "Idea" con relación a su sentido etimológico de "aspecto": "conviene desalojar de la terminología filosófica el vocablo 'idea', palabra en último grado de degeneración y envilecimiento, puesto que ni en psicología significa ya nada preciso, auténtico, unívoco" (Ortega, J., *Epílogo de la filosofía, Obras completas, op. cit.*, vol. IX, p. 604).
[19] Veinte años después (1934), en su célebre "Prólogo para alemanes" a su obra *El tema de nuestro tiempo*, Ortega recordará este mismo pasaje: "La vida 'no es ni materia ni es alma', sino determinadísima 'perspectiva' espacio-temporal, lo contrario de

no supone como "el espíritu provinciano que él está en el centro del orbe y juzga de todo como si su visión fuese central" (Ortega, 2005, III, 654). Por lo tanto, a diferencia de "[l]os egipcios [que] creían que el valle del Nilo era todo el mundo", la doctrina orteguiana del punto de vista es una forma de superación de la momificación conceptual —ya denunciada por Nietzsche.[20]

Es muy interesante destacar que la doctrina orteguiana del punto de vista gira en torno al eje vertebrador de la circunstancia, concepto introducido por Ortega en sus *Meditaciones del Quijote*[21] y que será una constante a lo largo de toda su obra. Pues la circunstancia es el "paisaje" concreto de cada individuo, es decir, el entramado histórico y cultural, en el que el individuo ha de realizar su vida y llevar a cabo sus proyectos. A la luz del punto de vista, la realidad deja de ser "medio" para convertirse en "paisaje". Y en tanto que paisaje posibilita y se abre a "infinitas perspectivas". (Conviene advertir que no se trata aquí de una mala infinitud que acaba quedando indefinida y naufraga en las abstracciones del racionalismo o en las ensoñaciones del idealismo. Se trata más bien de una buena infinitud determinada por la situación y la localización espacio-temporal e histórico-cultural).

La doctrina del punto de vista, remite a la particular circunstancia, lo cual puede ser aplicado tanto a la "estructura psíquica de cada individuo" como también a "cada pueblo y cada época". En torno al eje vertebrador de

todo utopismo y de todo ucronismo, la *species temporis* frente a la *species aeternitatis*" (Ortega, J., *Prólogo para alemanes, Obras completas, op. cit.* vol. IX, p. 152).

[20] No puedo profundizar aquí en este punto, pero creo que efectivamente la doctrina orteguiana del punto de vista comparte muchos aspectos decisivos con el perspectivismo nietzscheano y su crítica a la tradición racionalista. Véase por ejemplo el apartado "La razón en la filosofía" del *Crepúsculo de los ídolos* de Nietzsche. La propia noción de vida de Ortega es tomada de Nietzsche (Ortega, J., *El tema de nuestro tiempo, Obras completas, op. cit.* vol. III, p. 605), al que considera "sumo vidente", porque no se trata de la vida en sentido adaptacionista darwiniano sino en un sentido ascendente y por lo tanto henchida de "valor" y "sentido". Es la vida en perspectiva y sobre todo la perspectiva de la vida la que establece un claro paralelismo entre Ortega y Nietzsche en el marco de una "razón impura" (Conill, J., "Mörgenrote der unreinen Vernunft. Nietzsche bei Ortega y Gasset", *Nietzsche-Studien*, Volumen 42, Issue 1, pp. 330–342). Mas conviene recordar que Ortega deliberadamente tomó distancia de las lecturas relativistas nietzscheanas en su famoso "Prólogo para alemanes" al desmarcarse de la *Täuschung* y sostener la verdad como una "necesidad constitutiva del hombre" (Ortega, J. *Prólogo para alemanes, Obras completas, op. cit.*, vol. IX, pp. 148–149).

[21] Ortega, J. *Meditaciones del Quijote. Obras completas, op. cit.*, vol. I, p. 754ss.

la circunstancia, vemos que se puede hablar tanto del punto de vista individual (referido a un individuo particular) como del punto de vista cultural (referido a un pueblo y época). En ambos casos cabe decir lo mismo y es que la realidad no se impone mostrenca a las personas, sino que siempre se halla mediada (inter-mediada) por la perspectiva, esto es, el peculiar y particular lugar desde el cual se interpreta y se comprende. Porque no hay que olvidar que "la perspectiva es uno de los componentes de la realidad" (2005, III, 613). En este pasaje creo que no hay lugar a dudas de que Ortega se está refiriendo al sentido etnográfico de cultura[22], que es el que preferentemente nos interesa al hablar de interculturalidad. Pues efectivamente la cultura en sentido etnográfico o etnológico constituye un punto de vista que expresa el "alma típica" de un pueblo o una época y que tiene un "perfil definido". Un perfil que es *por definición* delimitado, es decir, que se expresa solo en la medida que es capaz de trazar sus propios límites. Por eso, la doctrina del punto de vista aplicada a las culturas (en sentido etnológico) remite a una necesaria localización y limitación del propio punto de vista para poder llegar a expresarse en su singularidad. Tanto es así que no es posible aproximarse a la realidad sino es concretándose y delimitándose, asumiendo que no se tiene la verdad entera.

La estructura psíquica de cada individuo viene a ser un órgano perceptor, dotado de una forma determinada que permite la comprensión de ciertas verdades y está condenado a inexorable ceguera para otras. Asimismo, cada pueblo y cada época tienen su alma típica, es decir, una retícula con mayas de amplitud y perfil definidos

---

[22] Destaca Javier San Martín que "la lectura del libro [*El tema de nuestro tiempo*] resulta tortuosa por el uso metonímico que se hace tanto de término 'cultura' como del término 'vida'" (San Martín, Javier, "La recepción de su filosofía en torno a El tema de nuestro tiempo", en Javier Zamora (ed.), *Guía Comares de Ortega y Gasset*, Comares, Granada, 2013, p. 61. Estoy de acuerdo en que *El tema de nuestro tiempo* es un libro complejo, entre otras cosas por el uso de diferentes acepciones de cultura, tanto en sentido etnográfico como de "cultura superior". A este respecto resulta incontestable la influencia de Nietzsche en su acepción de vida y la de Simmel en su acepción de Cultura superior (Cerezo, P., *La voluntad de aventura. Aproximamiento crítico al pensamiento de Ortega y Gasset*, Ariel, Barcelona, 1984, p. 55). Sin embargo, no creo yo que el texto haya envejecido. Al contrario, pienso que sigue siendo enormemente actual en buena parte de sus planteamientos, entre otras cosas por el empeño orteguiano de reconducir la cultura al servicio de la vida, desbaratando los esquematismos que tratan de oponer la Cultura (en mayúsculas) a la vida; que terminan por desvitalizar la Cultura y con ello una cultura (en minúsculas) incapaz de henchir y fecundar el destino, lastrada por cierta beatería.

que le prestan rigorosa afinidad con ciertas verdades e incorregible ineptitud para llegar a ciertas otras. Esto significa que todas las épocas y todos los pueblos han gozado su congrua porción de verdad, y no tiene sentido que pueblo ni época algunos pretendan oponerse a los demás, como si a ellos solos les hubiese cabido en el reparto la verdad entera. Todos tienen su puesto determinado en la serie histórica; ninguno puede aspirar a salirse de ella, porque esto equivaldría a convertirse en un ente abstracto, con íntegra renuncia a la existencia.[23]

Acudiendo a *Las Atlántidas* (1924), una obra muy poco posterior a *El tema de nuestro tiempo* (1923), podemos esclarecer el vínculo inextricable que a juicio de Ortega se establece entre el descubrimiento etnológico de la pluralidad de culturas y la "ampliación del punto de vista". De modo muy similar, Ortega compara y crea un paralelismo entre el cuerpo vivo como unidad de un organismo y la cultura en sentido etnológico. Y de nuevo su empeño es el de localizar las culturas (en plural) en el horizonte histórico. Porque es inoperante pretender aproximarse a las culturas desde el ideal ahistórico de una razón pura y absoluta. Hace falta una razón histórica y cultural que ponga de manifiesto la singularidad de cada uno de los puntos de vista, más aún, que ensanche y amplíe el horizonte de la historia, superando no solo el hispanocentrismo (que excluye Europa) sino también el eurocentrismo (que excluye otras culturas allende Europa).[24] El reconocimiento de la pluralidad de culturas y el ascenso a la perspectiva intercultural se traduce en una superación del etnocentrismo y el ensanchamiento del círculo vital.

2. EL HOLISMO HERMENÉUTICO Y LA FALSEDAD DEL "NINGÚN LUGAR"

La herencia filosófica de Ortega y su identificación con alguna tradición sigue siendo hoy tema de litigio[25]. Indudablemente que hay un fecundo intercambio

---

[23] Ortega, J., *El tema de nuestro tiempo, Obras completas, op. cit.*, vol. III, p. 613.

[24] "Ello es que en los últimos veinticinco años se ha ampliado gigantescamente el horizonte de la historia. Se ha ampliado tanto, que la vieja pupila europea, habituada a la circunferencia de su horizonte tradicional de que era ella centro, no acierta ahora a encajar en una única perspectiva los enormes territorios súbitamente añadidos" (Ortega, J., *Las Atlántidas. Obras completas, op. cit.*, vol. III, 766).

[25] Domingo, T., "Leer a Ortega a la altura de nuestro tiempo", en Javier Zamora (ed.), *Guía Comares de Ortega y Gasset*, Comares, Granada, 2013, pp. 331–354.

con tradiciones tan importantes como el neokantismo o la fenomenología, entre otras. Mas, desde mi punto de vista, es en diálogo con la hermenéutica filosófica donde encontramos un vínculo más estrecho y fecundo. Y ello ya desde su primera gran obra *Meditaciones del Quijote*, que a mi modo de ver y como veremos en el próximo capítulo da pie a hablar de una "hermenéutica española desde 1914".[26] Ha sido frecuente comparar los planteamientos de Ortega con otros autores de la tradición hermenéutica tales como Dilthey o Heidegger. Sin embargo, en este libro nos interesa detenernos en la fecunda relación entre la doctrina orteguiana del punto de vista y autores como Hans-Georg Gadamer y, sobre todo, Charles Taylor, en el marco de una hermenéutica intercultural.

El primer elemento característico de la hermenéutica filosófica que conviene destacar es la visión holista frente a la atomista. Y este holismo cabe aplicarlo tanto a la dimensión biológica como a la dimensión biográfica o histórica. El todo es anterior a las partes y considerar las cosas de modo aislado es perder el punto de vista desde el que cobra su significación. La realidad está interconectada y el atomismo es incapaz de alumbrar las conexiones reticulares de la realidad así como el tejido social.[27] El holismo hermenéutico no renuncia a la verdad sino que considera que no se puede hablar de verdad si no es a la luz de la perspectiva o desde un determinado punto de vista. Aislar las diversos enfoques o perspectivas, negar la validez relativa de aquellos en el entramado del todo, es un modo flagrante de pérdida de perspectiva.

Frente a las pretensiones de la epistemología moderna, la hermenéutica incide en que no es posible un punto de vista "desde ningún lugar". Si se quiere comprender la realidad no es posible despojarse de la perspectiva humana. En esto ha radicado el error del positivismo o cientificismo, en sostener que solo una perspectiva es la adecuada. Y frente a ella, ha argumentado poderosamente Ortega desde su perspectivismo, pues "la sola perspectiva falsa es

---

[26]   Me sumo a una serie de autores que han situado la filosofía de Ortega en la tradición de la hermenéutica filosófica, como por ejemplo y entre otros, Julián Marías, Pedro Cerezo, Jesús Conill o Tomás Domingo.

[27]   Taylor, Ch., "Atomism", en Alkis Kontos (ed.), *Powers, Possessions and Freedom*, University of Toronto Press, Toronto, 1979, pp. 39–61. Gracia, J. *Antropología filosófica en Charles Taylor. Perfil hermenéutico del ser humano*, Editorial Académica Española, Saarbrücken, 2011.

la que pretende ser la única. Dicho de otra manera: *lo falso es la utopía, la verdad no localizada, vista desde 'lugar ninguno'*".[28]

También Charles Taylor ha denunciado las pretensiones de la epistemología moderna citando a Nagel: "El intento se hace para ver el mundo no desde un lugar dentro de él, ni desde un punto ventajoso de un especial tipo de vida o de conciencia, sino desde ninguna parte en particular ni tampoco desde forma de vida en particular alguna".[29] Aunque Taylor alude a Heidegger y a Wittgenstein para denunciar la "ontologización de esta perspectiva desvinculada", la superación de esta forma de racionalismo que desvincula la mente del mundo se encuentra ya, a mi modo de ver, de modo paradigmático en la "doctrina del punto de vista" de Ortega.

El perspectivismo hermenéutico es holista pero de un modo divergente a como lo es la filosofía de Hegel. Gadamer lo expone de modo muy explícito y brillante al distinguir su *Wirkungsgeschichte* (historia efectual o eficacia histórica) de la híbrida pretensión hegeliana de un saber absoluto. El holismo hermenéutico siempre tiene conciencia de la "situación hermenéutica", pues *"ser histórico quiere decir no agotarse nunca en el saberse"* y por lo tanto un saber situado y "una posición que limita sus posibilidades de ver. Al concepto de situación le pertenece esencialmente el concepto de *horizonte*".[30]

También Ortega años antes había denunciado el autoritarismo con el que Hegel llega a la historia pues no hay ánimo de aprender de la historia, sino de examinar si ésta se ha adecuado a la verdad descubierta por la filosofía.[31] El holismo hermenéutico se distancia diametralmente del absolutismo con el que la historia es pensada en la filosofía de la historia de Hegel.

El holismo hermenéutico en el pensamiento de Ortega queda muy claramente expuesto en su escrito póstumo "Los aspectos y la cosa entera" (perteneciente al Epílogo de la filosofía, de 1943). Su célebre ejemplo de la naranja viene a refrendar la apuesta por un perspectivismo holista. Pues la realidad nos obliga a movilizarnos, no nos deja pasivos sino que nos lleva a transitar de un "aspecto" a otro, de una "idea" a otra. El "aspecto" pertenece a la cosa,

28   Ortega, J., *El tema de nuestro tiempo, Obras completas, op. cit.* vol. III, p. 614.
29   Taylor, Ch., *"Lichtung* o *Lebensform*: paralelismos entre Heidegger y Wittgenstein". *Argumentos filosóficos. Ensayos sobre el conocimiento, el lenguaje y la modernidad*, Paidós, Barcelona, 1997, p. 97.
30   Gadamer, H.-G., *Verdad y método*, Sígueme, Salamanca., p. 372.
31   Ortega, J., *En el centenario de Hegel, Obras completas, op. cit.*, vol. V, p. 695ss.

es un pedazo de la cosa. Pero no es solo de la cosa, porque no hay aspecto si alguien no mira. Es el mirar el que hace que en la cosa broten aspectos: "como ese mirar tiene en cada caso una índole peculiar –por lo pronto mira en cada caso *desde un punto de vista determinado*—, el 'aspecto' de la cosa es inseparable del vidente".[32]

Es importante incidir en que para este holismo hermenéutico los seres humanos no somos ubicuos sino que adquirimos una visión limitada de la realidad, solo alcanzamos a ver "aspectos" de la realidad. De la realidad sólo tenemos un cierto número de puntos de vista que se van acumulando, articulando e integrando entre sí. Porque para el holismo hermenéutico no se trata de una yuxtaposición acumulativa de visiones, sino de ir articulando e integrando adecuadamente dichas visiones en el todo, en el conjunto (conjunto, co-yuntura). Saber si una idea es verdadera implica no solo confirmar la autenticidad de un aspecto sino su integración con el resto de aspectos de la realidad. Habida cuenta del lugar que ocupa en el conjunto y de que la realidad no existe fragmentada, el punto de vista se convierte con ello en perspectiva.

> Pertenece a la realidad tener "aspecto", "respecto" y, en general "perspectiva", ya que pertenece a la realidad que el hombre esté ante ella y la vea. [...] Pues bien, la mayor parte de nuestras "ideas verdaderas" no representan sino sólo uno de los componentes de la cosa que en aquel momento nuestra mente halla, ve y aprehende —por tanto, un mero "aspecto" parcial, arrancado a la cosa, *abstracto*, aunque "real" en el primer sentido del término. Esta es la causa más frecuente de nuestros errores porque nos lleva a creer que asegurarnos de si una idea es verdad se reduce a confirmar ese único carácter "real" de la idea que es enunciar un "auténtico aspecto" —a no buscar su integración confrontando la idea no solo con el "aspecto" que ella enuncia, sino con el decisivo carácter de la realidad que es "ser entera" y, por lo mismo, tener siempre "más aspectos".[33]

Incluso el concepto mismo de humanidad pensado desde el holismo hermenéutico queda libre de los posibles cargos de huera abstracción, pues lo que importa no es la elevación a concepto de una definición vacía de humanidad, sino la apuesta en concreto por cada individuo con su cultura. Pues cada uno de ellos son indispensables e insustituibles para entender

---

[32] Ortega, J., *Epílogo de la Filosofía. Obras completas, op. cit.*, vol. IX, pp. 602–603.
[33] *Ibíd.*, p. 604, 606

"lo humano". Ortega insta a articular las diversas perspectivas en una suerte de "generosa colaboración espiritual". No para acabar anulando cada una de las perspectivas sino más bien en una forma de contagio para que cada cual sea fiel a su perspectiva. En efecto en esta colaboración que contribuya a la comprensión del todo, es en lo que cabe situar la verdad de la perspectiva, que es la verdad de lo humano.

> "Solo entre todos los hombres llega a ser vivido lo humano" –dice Goethe. Dentro de la humanidad cada raza, dentro de cada raza cada individuo, es un órgano de percepción distinto de todos los demás y como un tentáculo que llega a trozos de universo para los otros inasequibles.[34]

3. LA VERDAD DE LA PERSPECTIVA Y EL HORIZONTE INTERCULTURAL

Pero el holismo hermenéutico no solo habilita al reconocimiento de la pluralidad de culturas mediante el "principio de los 'ámbitos o círculos culturales'" (Ortega, 2005, III, 750ss.). Es clave entender la "circularidad" de cada cultura en los términos de la doctrina del punto de vista. Es decir, reconociendo, a su vez, el vínculo inextricable con el resto de círculos culturales, al menos reconociendo que el acceso desde ellos solo conduce a una porción de la verdad y no a la verdad entera; ni a la verdad entera ni tampoco a ninguna verdad. Resulta decisivo no perder de vista la verdad, esto es, la verdad de la perspectiva; que todo punto de vista comporta algo de verdad. Y es el holismo el que consigue poner cada parte en su relación con el todo y en esta interrelación entender mejor la verdad y ganar una mayor perspectiva. Hay que superar la tendencia que conduce al relativismo cultural y a la comprensión de las culturas como si fueran círculos estancos y cerrados independientes entre sí.

El perspectivismo de Ortega se distancia también del relativismo precisamente porque este último renuncia a la verdad y considera que todas las afirmaciones son igualmente relativistas (no es un problema de "relatividad" sino de "relativismo")[35]. Pero no es posible considerar el grado

---

[34] Ortega, J., *Confesiones de* El Espectador. *Obras completas, op. cit.*, vol. II, p. 163.
[35] Es conocida la defensa por parte de Ortega de la teoría de la relatividad de Einstein, precisamente en los apéndices de *El tema de nuestro tiempo*, en el que había dedicado

de verdad o falsedad de cada una de ellas. Y sin embargo –como sostiene Ortega— el relativismo no puede tomarse a sí mismo en serio y termina siendo una "teoría suicida". "La fe en la verdad es un hecho radical de la vida humana".[36] El relativismo elimina la dimensión de la perspectiva de la realidad, porque considera cada cultura como un universo cerrado y por lo tanto separado del resto. Mientras que el perspectivismo considera que "una de las cualidades propias a la realidad consiste en tener una perspectiva, esto es, en organizarse de diverso modo para ser vista desde uno u otro lugar".[37]

El holismo sostiene una verdad que es fundamental, a saber, la localización de todo punto de vista. Lo cual es muy distinto a pensar que es posible localizar y postular un lugar desde el que se pueda acceder a un punto de vista del todo (algo así como una omnisciencia divina concebida fuera de la vida humana[38]). Por el contrario, el holismo hermenéutico sostiene que todo punto de vista se halla situado y es desde su particular lugar que se abre (*erschliessen*, en la terminología de Gadamer) y se aprecia (*ansehen*) un nuevo horizonte y una nueva y única perspectiva de visión. No es posible escapar del área de visión humana, no es posible hablar de un punto de vista "desde ninguna parte", absoluto, "suelto" de toda realidad vivida y pensada.

Toda deslocalización del punto de vista es una forma de dis-locación, porque solo en el entramado concreto de la realidad vivida, en la que se vive y desde la que se piensa, es posible articular con sentido y autenticidad la propia visión del mundo. El racionalismo inauténtico y negador de la vida ha creado una concepción de cultura vacía y mucilaginosa; exclusivista y

---

el tercer capítulo a criticar el "relativismo". Ortega, J. "El sentido histórico de la teoría de Einstein", *Obras completas, op. cit.*, vol. III, p. 642 ss.

[36] Ortega, J., *El tema de nuestro tiempo. Obras completas, op. cit.*, vol. III, p. 573.

[37] Ortega, J., *Obras completas, op. cit.*, vol. III, p. 646.

[38] Frente a esta concepción humanamente alejada de la omnisciencia divina, es ciertamente muy elocuente la belleza con la que Ortega expresa la visión divina bajo la égida de su doctrina del punto de vista: "Dios es también un punto de vista; pero no porque posea un mirador fuera del área humana que le haga ver directamente la realidad universal, como si fuera un viejo racionalista. Dios no es racionalista. Su punto de vista es el de cada uno de nosotros; *nuestra verdad parcial es también verdad para Dios*. ¡De tal modo es verídica nuestra perspectiva y auténtica nuestra realidad!" (Ortega, J., "El sentido histórico de la teoría de Einstein", *Obras completas, op. cit.*, vol. III, p. 616).

estática; ha momificado en conceptos abstractos la cultura como si de productos acabados se tratara, anulando el punto de vista desde el que cobra su sentido y valor. A mi modo de ver, esta deslocalización del punto de vista es el peligro positivista de la ciencia que pretende situarse "desde ninguna parte", que radica en que cuanto más pensamos que hemos neutralizado nuestra visión del mundo, más funciona inconscientemente y con efectos etnocéntricos.

La verdad de la perspectiva se pone de manifiesto de modo muy elocuente en el caso de la comprensión intercultural. Como en diversos lugares expone Charles Taylor el problema de algunos enfoques que se presentan como científicos (según el modelo de las ciencias naturales) es que eliminan la dimensión del punto de vista de los agentes. Además del consabido etnocentrismo, se proyecta una realidad que anula el punto de vista de los agentes, del que no pueden prescindir las ciencias humanas si lo que buscan es una comprensión adecuada del fenómeno humano, social, histórico y cultural.[39] Es el problema de las pretensiones de una ciencia libre de valor (*wertfrei*) que no tiene en consideración "la manera como la comprensión da forma a la práctica, la perturba o la facilita".[40]

Frente a la ciencia libre de valor Taylor propone que "una explicación adecuada de la acción humana debe hacer que los agentes sean más comprensibles", es decir, "tomar a los sujetos como agentes de autodefinición, cuya comprensión da forma a su práctica". Pues "tenemos que explicarlos como agentes y no podemos hacerlo a menos que los entendamos, vale decir, captemos la comprensión de sí mismos".[41]

Pero conviene no olvidar el otro lado de la cuestión y es que "comprender a alguien no puede significar simplemente adoptar su punto de vista".[42] Efectivamente, partir de las comprensiones y definiciones que de sí mismo

---

[39] Taylor, Ch., "Comprensión y etnocentrismo", *La libertad de los modernos*, Amorrortu, Buenos Aires, pp. 199–222.

[40] *Ibíd.* A juicio de Taylor este es el caso paradigmático de la teoría de Edward Evans-Pritchard en el célebre caso de la comprensión de los rituales de la magia en la tribu Azande. En las antípodas relativistas encontraríamos a Peter Winch. Pero entre el planteamiento etnocentrista de Evans-Pritchard y el relativista de Peter Winch, Taylor propone el de una hermenéutica intercultural Gracia, J., *Antropología filosófica en Charles Taylor, op. cit.*, pp. 182–254.

[41] Taylor, Ch. "Comprensión y etnocentrismo", *op. cit.*, p. 200.

[42] Taylor, Ch., "Comprensión y etnocentrismo", *op. cit.*, p. 202.

tienen los agentes no quiere decir que no se puedan corregir, es decir, que hayamos de comprender a los agentes en sus auto-interpretaciones como "no equivocados". Esta es la "tesis de la incorregibilidad" que Taylor denuncia en diversos lugares, por ejemplo, en su crítica al relativismo de Peter Winch. El relativismo incorregible hace vano cualquier intento por examinar y descubrir la verdad del asunto y conduce la doctrina del punto de vista al borde del precipicio relativista, donde nada se le puede criticar al agente y donde se pierde toda perspectiva. Porque no se trata de hacer añicos la doctrina del punto de vista a la manera relativista del "todo vale y vale por igual", lo cual supone una ceguera, sino de descubrir la verdad de la perspectiva, que más bien dice que lo que vale, lo vale desde donde lo vale y en el marco de un horizonte concreto. Un horizonte que en virtud de la comprensión intercultural siempre puede ampliarse.

La verdad de la perspectiva en el marco de la hermenéutica intercultural incide en que el punto de vista es relativo a cada horizonte cultural pero no queda recluido y prisionero en dicho horizonte cultural sino que se cobra una mayor visión de dicho punto de vista en el entramado de otros puntos de vista. Cuando se adquiere ese prisma estereoscópico es cuando se alcanza a comprender mejor el punto de vista inicial y la verdad que en él yacía. Tanto el subjetivismo como el relativismo cultural, pero también el cientificismo o el positivismo pierden de vista la perspectiva, son cortos de miras, adolecen de la miopía de desconectar los puntos de vista del tipo de comprensión humana pluriforme y perspectivista.

En el pasaje de *Las Atlántidas* Ortega alude tanto a Spengler como a los ámbitos culturales de Frobenius, y se distancia de ellos, toma perspectiva, precisamente debido al "relativismo extemporáneo" que aquellos practicaron. El modo hermético y absoluto de considerar la cultura es deficiente y solo es posible superar las limitaciones en la medida en que se alcance el punto de vista histórico capaz de comprender y ver cada una de las épocas en su singular figura y fisionomía. Se trata de neutralizar el "espíritu evolucionista" que busca a toda costa la continuidad entre los fenómenos y evitar asimilar las otras formas de vida a la nuestra. Sólo a la luz de este nuevo sentido histórico, esto es, sólo desde la razón histórica y cultural es posible dejar de ver a los otros pueblos como "salvajes". Se trata de abogar por una lectura profunda, estereoscópica y no plana de sus propias culturas. Es precisamente ese punto de vista histórico el que humaniza al hombre y lo reconoce en su condición de ser cultural, a diferencia del mundo plano del recién nacido que no sabe de distancias ni de profundidad; el sentido histórico introduce a la persona en la mirada cóncava de la perspectiva cultural.

> El recién nacido no sabe de distancias: su mundo es un plano pegado a sus ojos. Necesita de un aprendizaje de la acomodación ocular para ir situando los objetos en perspectiva. Al cabo de él, el plano del mundo se hace cóncavo y adquiere profundidad.[43]

Para evitar tanto el peligro relativista como el peligro cientificista, el horizonte histórico y cultural ensanchado desde el punto de vista intercultural consiste precisamente en el adecuado reconocimiento de las diferencias; en dejar ser a los otros en su singular diferencia, en desencasillarlos y evitar proyectar sus propios esquemas culturales sobre los otros. Ortega lo expresa diciendo que "el historiador necesita justamente elevarse sobre lo que constituye el armazón mismo de su existencia, necesita trasponer el horizonte de su propia vida, desvalorar las convicciones y tendencias más radicales de su espíritu".[44]

En términos muy similares se expresará Charles Taylor al afirmar que "la comprensión del otro cambia la autocomprensión y en particular, nos obliga a debilitar algunos de los contornos más fijos de nuestra antigua cultura".[45] El reto hermenéutico de comprender al otro correctamente radica en ser capaz de relativizar algunas características de nuestra propia autocomprensión. La fusión de horizontes gadameriana, tal y como es presentada por Taylor, constituye una fecunda aplicación a las cuestiones del reconocimiento de las diferencias culturales y la perspectiva intercultural.

La "conciencia de la historia efectual" y el principio de la eficacia histórica brillantemente expuestos por Gadamer en *Verdad y método* giran precisamente en torno a la significación del concepto de "horizonte", que "no es una frontera rígida sino algo que se desplaza con uno y que invita a seguir entrando en él".[46] Pues "horizonte es el ámbito de visión que abarca y encierra todo lo que es visible desde un determinado punto [...] El que no tiene horizontes es un hombre que no ve suficientemente y que en consecuencia sobrevalora

---

[43] Ortega, J., *Las Atlántidas, Obras completas, op. cit.*, vol. III, p. 767.

[44] *Ibíd.*

[45] Taylor, Ch., *"Lichtung* o *Lebensform*: paralelismos entre Heidegger y Wittgenstein", *op. cit.*, p. 203.

[46] Gadamer, H.-G., *Verdad y método, op. cit.*, p. 309.

lo que le cae más cerca".[47] A la luz de la "elaboración de la situación herme-néutica" el propósito es "abrirse a nuevos horizontes", esto es, "ganar en cada caso el horizonte histórico". Lo cual implica "la obtención del horizonte correcto de la pregunta [*des rechten Fragehorizontes*] para las cuestiones que se nos plantean de cara a la tradición". Así, de modo singular para Gadamer la "tradición" (*Überlieferung*) ocupará un lugar preeminente para llevar a cabo la "experiencia hermenéutica". El concepto de horizonte histórico remite a la tradición y la hermenéutica se expresa principalmente en esa desplazarse históricamente para evitar los malentendidos.

Como el concepto de horizonte gadameriano, también el concepto de "perspectiva" de Ortega incide en ese "desplazarse al paso de quien se mueve". Porque de lo que se trata no es de acumular puntos de vistas en términos cuantitativos, pues bien podría ser que todos estos fueran cerrados e igno-rantes del lugar que ocupan respecto al resto, esto es, en el con-junto. Más bien la clave de la diversidad de los puntos de vista está en la ganancia de perspectiva y ello solo se consigue conectando unos puntos de vista con otros, reconociendo el lugar desde el que mira cada uno, su lugar dentro del conjunto y alcanzando una visión más completa. La verdad de la perspectiva no tiene tanto que ver con la multiplicidad cuantitativa cuanto con la inter-conexión entre los diferentes puntos de vista. Podríamos decir que se trata de una visión de conjunto (con-junto) que crea puentes, "fusiona horizontes", genera contrastes y es capaz de ver en relieve (*Abhebung*). Como veremos en los próximos capítulos existe un paralelismo innegable entre la perspectiva orteguiana y el horizonte gadameriano y ambos son especialmente fecundos para enfocar las culturas (en plural) desde un enfoque hermenéutico que aspira a una comprensión intercultural.[48]

---

47 Gadamer, H.-G., *Verdad y método, op. cit.*, p. 373
48 Por ejemplo, en *Meditaciones del Quijote* es muy significativa la crítica de Ortega por el "grave defecto" de "falta de perspectiva" y "falta de experiencia de lo profundo" a los autores de la Restauración como Menéndez Pelayo o Valera por su visión miope y plana de España, negando su conexión y alimentando el rechazo respecto de Europa: "De buena fe esos hombres aplaudieron la mediocridad porque no tuvieron la expe-riencia de lo profundo" (Ortega, J., *Meditaciones del Quijote, Obras completas, op. cit.*, vol. 1, p. 772). "Como este es el caso de España, tiene que parecernos perverso un patriotismo sin perspectiva, sin jerarquías, que acepta como español cuanto ha tenido a bien producirse en nuestras tierras, confundiendo las más ineptas degeneraciones

Con todo, conviene destacar que uno de los rasgos más característicos de la doctrina del punto de vista de Ortega no es tanto mirar al pasado, a la tradición ya hecha como apuntar al futuro, entender que la cultura no es un producto sino algo que hay que hacer, un auténtico quehacer. A mi juicio, esto le da a Ortega una cierta ventaja respecto a Gadamer para repensar sus escritos en términos interculturales, porque el objetivo no es tanto comprender a los clásicos de la antigüedad como fecundar el propio futuro, "abriendo España a Europa" (y al resto del mundo). La cultura no es vista como un objeto sino siempre vinculada con el sujeto, es decir, con la perspectiva del sujeto. A Ortega la experiencia hermenéutica de tender hacia lo otro de sí, de procurar entender las diversas formas de vida, siempre apunta a la capacidad de cada uno de los individuos de fecundar su propio futuro. Esta capacidad para superar las parcialidades de puntos de vista particulares y autocentradas es lo que se consigue con perspicacia intercultural.

4. PERSPICACIA INTERCULTURAL COMO SUPERACIÓN DE LA "BEATERÍA DE LA CULTURA"

En la raíz misma del término "perspectiva" late el de "perspicacia". Si anteriormente hemos diferenciado el perspectivismo del subjetivismo y del relativismo que se pretenden incorregibles es precisamente por esa verdad que yace en el concepto mismo de perspectiva y que le confiere un eminente carácter normativo a la perspectiva. En virtud de ella se alcanza una mayor agudeza y penetración, pero también es posible ver con mayor claridad, es decir, de modo más "perspicuo". Dicha claridad, agudeza y penetración del entendimiento se alcanza cuando se consigue establecer la conexión entre los diversos puntos de vista. Aplicado al ámbito de la hermenéutica intercultural, podríamos referirnos a la perspicacia y perspicuidad intercultural.

El perspectivismo orteguiano es radicalmente intercultural. Lo es porque combate un concepto de cultura aislado, exclusivista, estático y también "extático". En su lugar propone el intercambio plural y fecundo de los diversos y heterogéneos puntos de vista culturales. Y lo hace a sabiendas de que no se puede renunciar a la verdad (y menos aún a la vida). Si bien una verdad

---

con lo que es a España esencial" (Ortega, J., *Meditaciones del Quijote, Obras completas, op. cit.*, vol. I, p. 793). En el capítulo segundo profundizamos sobre este punto.

situada en el contexto, radicada en la propia matriz cultural, pero que de ningún modo conviene confundir con el relativismo. El prefijo "inter-" de la interculturalidad es el casco de la proa de toda cultura que se sabe en la singladura de la vida y que aspira a superar los antagonismos de los exclusivismos estableciendo puentes y contrastes perspicaces. A esa verdad de la vida es a la que renuncian aquellos que consideran la cultura de modo estático y extático, como si la cultura fuera algo que haya que conservar en formol.

Frente a este rancio culturalismo, una fecunda comprensión intercultural consiste, a juicio de Charles Taylor, en generar un "lenguaje de contrastes perspicaces" (*language of perspicous contrasts*). Para lo cual hay que comenzar por tomar en serio las autodefiniciones de los propios agentes de dicha cultura, pero no para considerarlas de modo definitivo, sino para cuestionar su lenguaje de la autocomprensión. Solo que para hacerlo también nosotros hemos de cuestionar el nuestro. Generar un nuevo contraste es precisamente re-definir las diferencias y contrastes de modo "relevante", es decir, descubrir el "relieve" de los significados en toda la significación que cobra para las formas de vida de los propios agentes.[49]

Conviene destacar que la perspicacia de la hermenéutica intercultural a la que apunta Charles Taylor introduce un potencial crítico extraordinario porque la comprensión es inseparable de la crítica y ésta, a su vez, también de la autocrítica. Esta crítica no es de ningún modo la objetividad espuria del modelo explicativo de las ciencias naturales, sino la propia de la intersubjetividad (humana), que se expresa como interculturalidad (siempre de nuevo el "inter-" del holismo hermenéutico) y que amplía nuestro lenguaje de las posibilidades de lo humano, generando nuevos contrastes y redefiniendo los significados de ciertas formas de vida. Creo que esta perspicacia intercultural es la que permite superar lo que Ortega de modo muy elocuente llama "beatería de la cultura".

Ortega expresa la falta de crítica y autocrítica con la elocuente expresión "beatería de la cultura", que emplea en diversos lugares de su obra para expresar una negación de la vida que no solo estuvo presente en cierta actitud medieval sino también en el idealismo y en el positivismo moderno.[50] Esta forma de beatería cultural recibe también el nombre de culturalismo

---

[49]   Taylor, Ch., "Comprensión y etnocentrismo", *op. cit.*, p. 211.
[50]   Ortega, J., *El tema de nuestro tiempo, Obras completas, op. cit.*, vol. III, p. 599.

en la medida que anula y desintegra la cultura del proceso íntegro de la vitalidad. Pero también porque la cultura se convierte en algo estático, que existe por y para sí misma, con independencia de la vida y en algunas ocasiones contra la vida y sus humanos vivientes; contra aquel capaz de tomar el pulso a la vida y proyectarse hacia al futuro. La beatería es una especie de embriaguez negadora de la vida y, sobre todo, incapaz de cuestionar críticamente los productos culturales. La cultura se toma como algo completamente acabado (per-fecto). Los síntomas de la beatería cultural son siempre los mismos: "tendencia al deliquio y al aspaviento, postura de ojos en blanco, gesto de desolación irremediable ante el escéptico infiel, privado de la gracia suficiente".[51]

Por ejemplo, en el "Prólogo para alemanes", Ortega sostiene que para entender, por fin, a Grecia y superar el helenismo de Werner Jaeger y sus discípulos, el cual impide enfocar adecuadamente la relación entre los antiguos y Europa, "lo más urgente es alejarla de nosotros, subrayar su exotismo y declarar su enorme limitación". De nuevo, por lo tanto, la delimitación de un contexto, la lógica del contraste. Este pasaje constituye una llamada de atención a cierta hermenéutica filológica que ha tendido a generar cierta beatería irreflexiva y acrítica de los clásicos. Frente a esta tendencia, la hermenéutica intercultural recala en la dimensión crítica de toda comprensión, destacando las limitaciones de cada horizonte cultural y siempre reorientándolo en términos del imperativo de la vida humana en su doble faz, como vivencia y como convivencia.

La "beatería de la cultura" ha sustraído a las gentes de sus contextos vitales, que son los compromisos fundamentales con sus circunstancias y sus circunstantes. El intercambio fecundo está a la base de todo punto de vista que se concreta y contextualiza, que se sabe en su quicio y vital eficacia. Cuando la cultura se aleja de las necesidades vitales de las personas es cuando comienza a pervertirse, extasiarse y convertirse en un fetiche que fácilmente se vuelve contra las personas. Aunque Ortega emplea preferentemente la expresión "beatería de la cultura" para incidir en el antivitalismo de la tradición occidental. Sin embargo, yo creo que en el plano de la cultura en sentido etnográfico también se podrían detectar formas corruptas de observancia cultural que se basan también en el fanatismo de formas de pensar divinizadoras de las

---

[51] Ortega, J., *Prólogo para alemanes, Obras completas, op. cit.*, vol. IX, p. 133.

propias tradiciones y/o la demonización del resto de tradiciones. De hecho a menudo ambas formas se encuentran estrechamente conectadas.

La propia biografía de Ortega expuesta en el citado "Prólogo para alemanes" es un claro ejemplo de cómo superar la beatería de la cultura y aproximarse a las culturas para enriquecer la propia tradición. Es esta perspicacia de la perspectiva intercultural la que la filosofía de Ortega invita a practicar. Solo desde esta perspectiva intercultural es posible – como el propio Ortega lleva a cabo en su época— un rebasamiento de los estereotipos de la cultura alemana caracterizada como "nieblas germánicas" y un auténtico diálogo con la cultura y pensamiento alemanes. El resultado es de sobra conocido, uno de los pensamientos más fecundos de nuestra tradición española de siempre y de innegable talla universal. No fue negando la tradición alemana (ni la francesa, ni la inglesa, ni la griega, ni la romana…), sino incorporándolas ("devorándolas" como buen "verdáboro"), articulándolas y sin renunciar a la misión de pensar España con hondura y radicalidad.

5. RECAPITULANDO

La filosofía de José Ortega y Gasset ofrece una matriz extraordinariamente fecunda para desarrollar la perspectiva intercultural. Su perspectivismo constituye una clave fundamental para la hermenéutica intercultural porque introduce la pluralidad de puntos de vista de la cultura sin renunciar a la verdad. En esto radica la perspectiva intercultural, en entender la diversidad de puntos de vista culturales no en términos excluyentes sino en conexión unos con otros. Esto significa el holismo hermenéutico, que cada punto de vista está situado y localizado en un horizonte determinado. Sin alusión a este contexto se pierde de vista el punto de vista. Y esto es lo que ocurre con el etnocentrismo que pierde de vista el resto de puntos de vista y al hacerlo pierde la perspectiva intercultural.

También el relativismo es deficiente a la luz de la perspectiva intercultural, porque pierde de vista la realidad entera, atomiza los puntos de vista en círculos cerrados y acaba renunciando a la verdad del asunto. La perspectiva intercultural destaca la diversidad de aspectos siempre en relación al conjunto y teniendo en cuenta el carácter "móvil" de la comprensión; se sabe en un horizonte móvil, reconoce que las culturas no son compartimentos estancos.

Pero además, está dispuesta a reconocer las limitaciones y de-limitaciones del propio punto de vista y de otros; de unos respecto de otros.

Como veremos en profundidad en los próximos capítulos, frente a toda beatería de la cultura, la perspectiva intercultural está dispuesta a desencasillar a los otros y a estimular el entendimiento entre los culturalmente diferentes aunque ello vaya acompañado de crítica y autocrítica. Pues el entendimiento intercultural desde la perspectiva hermenéutica no se traduce en una actitud condescendiente y menos si cabe de indiferencia hacia el extranjero. Al contrario, el entendimiento al que insta la perspectiva intercultural supone una auténtica fusión de horizontes en el entramado de la vida (en su doble faz de vivencia y convivencia). Pues a la luz de la crítica de Ortega al culturalismo podemos afirmar que no es la vida para la cultura sino la cultura para la vida humana, para que las personas desarrollen plena y auténticamente su vida.

Hacia Una Hermenéutica Intercultural Desde 1914[52]

1. RELECTURA DE *MEDITACIONES DEL QUIJOTE* EN CLAVE HERMENÉUTICA CIEN AÑOS DESPUÉS

Suele volverse a Ortega como se vuelve a una fuente para beber de un pensamiento fresco y fecundo que lejos de hartarnos nos impulsa de nuevo –para decirlo con Antonio Machado— a "pensar alto [más alto], sentir hondo [más hondo] y hablar claro [más claro]". Es esto una invitación a tensar el arco del pensamiento hasta alcanzar la vida, pero no ya una vida pretérita, esto es, algo que ya no es vida, sino para situarnos con mayor incisión en nuestra propia circunstancia vital, histórica y cultural. Y en esta circunstancia ocupa un lugar preeminente, tanto en 1914 para Ortega como actualmente para nosotros, el "problema de España". Un problema que ya desde temprano le preocupó al joven Ortega y por el que sentía un hondo compromiso de "salvación".[53]

---

[52] Una versión previa de este capítulo fue publicada con el título "El escorzo orteguiano y la *Abhebung* gadameriana" en H. Aznar, E. Alonso y M. Menéndez (eds.), *La generación del 14. España ante su modernidad inacabada*, Plaza y Valdés, Madrid, 2016, pp. 213–224.

[53] A menudo se olvida que la frase completa de probablemente la cita más famosa de Ortega es así "yo soy yo y mi circunstancia y si no la salvo a ella no me salvo" (Ortega, J., *Meditaciones del Quijote Obras completas, op. cit.*, vol. I, p. 757). Véase especialmente la nota al pie 52 de Julián Marías en su edición de *Meditaciones del Quijote* de Ortega: Marías, J., "Introducción y notas en *Meditaciones del Quijote*", en Ortega, J., *Meditaciones del Quijote*", Crítica, Barcelona, 1984, p. 77. A partir de ahora en este capítulo citaré Meditaciones del Quijote según esta edición crítica de Julián Marías. Como es sabido en 1910 Ortega había proyectado una serie de ensayos, que tituló "Salvaciones" y que finalmente adoptó el nombre de "Meditaciones". Lejos de

Hoy en día queda ya fuera de discusión para cualquier estudioso acreditado de la filosofía de José Ortega y Gasset que *Meditaciones del Quijote* (1914) constituye un punto de inflexión en su trayectoria filosófica valiéndole el reconocimiento de ser –al decir de Julián Marías— "el nacimiento de una vocación filosófica creadora, por primera vez en España desde hacía varios siglos".[54]

Sin embargo, lo que sí sigue estando en litigio a pesar del paso de los tiempos (o precisamente a causa de ellos) es la herencia de la filosofía orteguiana y la identificación del pensamiento de Ortega con alguna tradición filosófica.[55] Entre otras—y en ello me quiero centrar—encontramos lecturas que redescubren en Ortega su legado neokantiano[56] o la herencia fenomenológica[57], y otras lecturas que lo sitúan más próximo y en un fecundo intercambio con la tradición hermenéutica[58]. Es en esta última línea de interpretación, a su vez muy rica y fecunda, probablemente más sugerente y novedosa en la que se inscribe el presente capítulo.

Por una parte, está muy bien documentado el hálito inspirador de la fenomenología en el texto lúcido y penetrante de 1913 "Sobre el concepto y la sensación". En el método fenomenológico Ortega encuentra el cauce para "la detención dentro de ese plano inmediato y patente en cuanto tal de lo *vivido*"[59]

---

ser esto un aspecto anecdótico no parece desacertado hablar en Ortega de "método de salvación". Salas, J., "Perspectiva y método de salvación en Ortega", en Zamora, J. (coord.): *Guía Comares de Ortega y Gasset*, Comares, Granada, 213, pp. 231–250.

[54] Marías, J., "Introducción y notas en Meditaciones del Quijote", *op. cit.*, p. 10.
[55] Domingo, T., "leer a Ortega a la altura de su tiempo", *op. cit.*
[56] Orringer, N., *Ortega y sus fuentes germánicas*, Gredos, Madrid, 1979.
[57] Por ejemplo, Javier San Martín se ha dedicado a poner de manifiesto la vecindad de la filosofía orteguiana con la fenomenología. Véase, por ejemplo, San Martín, J. *La fenomenología de Ortega y Gasset*, Biblioteca Nueva, Madrid, 2012.
[58] Como señalamos en el capítulo precedente, Julián Marías, Pedro Cerezo, Jesús Conill o Tomás Domingo, dentro de sus diversas lecturas, representan a aquellos autores que proponen una relectura hermenéutica de Ortega. Véase Marías, J. "La primera superación orteguiana de la fenomenología", en *La escuela de Madrid. Estudios de la filosofía española*. Biblioteca de la Revista de Occidente, Buenos aires, 1959, pp. 257–264; Cerezo, P., *José Ortega y Gasset y la razón práctica*, Biblioteca Nueva, Madrid, 2011; Conill, J. "Una cierta lectura hermenéutica", *op. cit.*; Domingo, T. "José Ortega y Gasset and the Hermeneutic Phenomenology (J. Ortega y Gasset, H.-G. Gadamer and P. Ricoeur)", *Philosophy*, vol. 21, 1, 2012, págs. 38–58.
[59] Ortega, J. *Meditaciones del Quijote, Obras completas, op. cit.*, vol I, p. 634.

evitando el dualismo entre conciencia y realidad, pues la conciencia no es una realidad, sino que la conciencia es conciencia de realidad. Asimismo, en su "Ensayo de estética a manera de prólogo" de 1914 Ortega se ocupa de explorar el mundo de la vida a partir de la categoría básica del "yo ejecutivo" (el yo en el acto de su relación viviente e intencional con el mundo). Pero el tema en este ensayo acaba derivando en las vivencias estéticas como auténticas experiencias reveladoras de una secreta realidad. Será en *Meditaciones del Quijote* donde Ortega "se adentre en tierras metafísicas" y alcance lo que podemos considerar "el hallazgo decisivo" (Cerezo, 2013: 41), a saber, la base nutricia de la vida, también para pensar la cuestión fenomenológica de la dación y la evidencia. Pues la subjetividad que de aquí surge ya no es un yo puro, reducido, eidético sino una viviente subjetividad, siempre en tensión con la vida y desde la vida. Nos encontramos sumidos en la vida y no ya la vida contenida o retenida en nuestra conciencia. Más aún, la visión se alimenta de la invisibilidad, aquello que queda en el trasfondo sostiene en buena medida nuestra comprensión.

Es por eso por lo que es tan importante y a la vez sugerente remarcar la metáfora del bosque[60] de la Herrería en torno a *El escorial*. Pues en ella no sólo encontramos una "innovación metódica esencial", a saber, el "método de la razón vital", sino el descubrimiento del "objeto vivido, radicado en mi vida" (el bosque) frente a las interpretaciones abstractas y cosificadas de lo que es radical y auténticamente un bosque (la idea de bosque), la cual además anticipa (entre otras) la célebre teoría heideggeriana de la *Zuhandensein* (ser a la mano) frente a la *Vorhandensein* (ser ante nosotros).[61]

Sin embargo, a pesar de lo interesante de un estudio comparativo entre Ortega y Heidegger, que ya los hay y no pocos,[62] por mi parte no me voy a detener en ello. Como tampoco lo haré en la herencia y fecundo intercambio que Ortega lleva a cabo con otros reputados filósofos de la tradición

---

[60] Recuerda Julián Marías que el bosque fue *posteriormente* también una metáfora clave en la hermenéutica de Heidegger (Marías, J., "Introducción y notas en *Meditaciones del Quijote*", *op. cit.*, p. 101, nota 7).

[61] Marías, J., "Introducción y notas en *Meditaciones del Quijote*", *op. cit.*, pp. 99–101.

[62] Ortega, J., "Notas de trabajo sobre Heidegger. Primera Parte", en Molinuevo, J. L. y Hernández, D. (coords.), *Revista de Estudios Orteguianos*, 2, págs. 9–28.; "Notas de trabajo sobre Heidegger. Segunda Parte", en Molinuevo, J. L. y Hernández, D. (coords.), *Revista de Estudios Orteguianos*, 3, págs. 5–31; Regalado, A. *El laberinto de la razón: Ortega y Heidegger*, Alianza, Madrid, 2009.

hermenéutica tales como, por ejemplo, F. Nietzsche o, de manera más oficial, W. Dilthey. Yo me propongo algo que quizá no ha sido tan recurrente en los estudios sobre Ortega, a saber, una lectura de *Meditaciones del Quijote* a la luz de la teoría de la experiencia hermenéutica de Gadamer.

2. EN LA FRONTERA DE LA RAZÓN VITAL Y A LAS PUERTAS DE LA EXPERIENCIA HERMENÉUTICA

Lo primero que llama poderosamente la atención es la anticipación orteguiana para reparar en determinados aspectos que posteriormente e incluso algunos de ellos aún hoy ocupan un lugar central en los debates en torno a la fenomenología y la hermenéutica. Me refiero, en primer lugar, a la superación del reduccionismo eidético y del idealismo remanente que en el método fenomenológico original ostentaba la conciencia.[63] Por ejemplo, Gadamer en un pasaje ciertamente importante de *Verdad y método* se ha ocupado de incidir en que el esquematismo basado en los datos últimos de la conciencia termina por perder el auténtico contenido de la vida.[64] Aunque Gadamer no lo cita, esto ya puede verse en Ortega en 1914 en lo que consistió una innovación metódica esencial, "el método de la razón vital".

Efectivamente en 1914 Ortega se encontraba "en la frontera de la razón vital" al poner en el centro la realidad concreta radicada en mi vida. Una vida que es apertura e indeterminación y ante la cual cabe una conciencia de horizonte también abierta e indeterminada, una forma primordial y vital de conciencia irreductible e ineradicable de su ser-en-el-mundo (desde el mundo). Así el yo se encuentra rodeado y envuelto de su circunstancia, en la

---

[63] Recuerda Gadamer que el propio Husserl en 1922 (*Husserliana III*, 390) y en 1929 (*Husserliana III*, 399) se retractó de la teoría de la reducción trascendental publicada en *Ideen I* (1913). Gadamer, H.G., *Verdad y método, op. cit.*, p. 309, nota al pie 12. ¿No pone esto aún más de manifiesto la radical novedad de Ortega quien ya en *Meditaciones del Quijote* (1914) había incidido en la radicalidad del "mundo de la vida"?

[64] A pesar de las autocríticas y retractaciones del propio Husserl, de la mano de Gadamer y también de Ricoeur podemos ver un sustrato de idealismo contenido en la "vida de la conciencia" husserliana que termina por soslayar el auténtico contenido de la vida y derivar hacia cierto esquematismo basado en los datos últimos de la conciencia. Véase Gadamer, H.-G., *Verdad y método, op. cit.*, p. 254; Ricoeur, P., "Fenomenología y hermenéutica desde Husserl", en *Del texto a la acción. Ensayos de Hermenéutica II*, Fondo de Cultura Económica, Buenos Aires, 2000, p. 40.

que se halla entrañado y empeñado. Pero tampoco completamente a merced de ella, sino que el yo concreto emergente es un yo ejecutivo que reflexiona y sobre todo da sentido a la vida. Se trata por lo tanto de una hermenéutica de la facticidad ejecutiva. Pues la vida no es algo irracional o antirracional sino más bien "pre-racional". A través de la emergencia del ingenio imaginativo, que es el propiamente inventivo, es como se procura el sentido. Por ello es interesante remarcar que "la autorreflexión de la vida sobre sí misma no [es] por modo tético o eidético sino ejecutivo, esto es, al filo y a través del propio quehacer".[65]

Qué duda cabe de que esta transformación hermenéutica de la fenomenología guarda indudables parentescos con Heidegger e incluso con aspectos del Husserl más autocrítico y transgresor[66] de *La crisis de las ciencias europeas y la fenomenología trascendental* (1936). Precisamente Gadamer se refiere al proyecto heideggeriano como el de una "fenomenología hermenéutica", donde el fundamento ontológico del existente (*Dasein*) es el hecho de que exista un ahí (*da*) –una "circunstancia" diríamos en la terminología de Ortega (Ortega, [1914] 1984: 75ss; Marías, 1984: 75–78, notas al pie 48 y 52)—. El "ahí" (*da*) es ese claro del ser que orienta todo preguntar del ser (*Sein*) y que habilita la diferencia entre ente (*Seiende*) y ser (*Sein*). "Lo que el ser significa debe ahora determinarse desde el horizonte del tiempo".[67]

Sin embargo, a diferencia de Heidegger para Ortega la pregunta por el ser no constituye el epicentro de la existencia. Ortega sitúa el origen de toda pregunta por el ser en algo más básico, la vida. Nos preguntamos acerca del Ser sólo por una necesidad vital y pragmática de saber a qué atenernos.[68] La búsqueda de sentido está entrañada a juicio de Ortega en algo más básico, la facticidad de la vida como suelo nutricio y origen de la cuestión por el ser, de modo que el Ser sólo constituye una interpretación de la vida.[69]

---

[65] Cerezo, P., "De camino hacia sí mismo", en Zamora, J. (coord.): *Guía Comares de Ortega y Gasset*. Granada, Comares, 2013, p. 42.

[66] El propio Ortega dijo de esta nueva versión husserliana de lo que se presentaba como fenomenología que "salta a lo que nunca pudo salir de ella" (Ortega, 2006 [VI]: 28–29, nota).

[67] Gadamer, H. G., *Verdad y método, op. cit.*, p. 322.

[68] Ortega, J. *Qué es la vida, Obras completas, op. cit.*, p. 425.

[69] Ortega, J., *La idea de principio en Leibniz y la evolución de la teoría deductiva, Obras completas, op. cit.*, vol. IX, p. 1018.

La hermenéutica de Ortega se distancia así de la radicalización ontológica heideggeriana y amplía el espectro de la experiencia hermenéutica como experiencia de la facticidad de la vida.[70] Y esto, a mi modo de ver, permite ensayar una mayor aproximación de Ortega a Gadamer (cronológicamente de Gadamer a Ortega), que de Ortega a Heidegger. Pues la teoría de la experiencia hermenéutica gadameriana se erige como una propuesta para penetrar a través de la interpretación en la experiencia humana, una experiencia que en los términos de Ortega se halla entrañada en la circunstancia vital e histórica —y completaría yo—y también cultural.

Así pues, encontramos una interesante vecindad de la hermenéutica desde la circunstancia vital e histórica de Ortega con la teoría de la experiencia hermenéutica de Gadamer. Cabría llamar la atención, en primer lugar, en la distinción de origen diltheyiano entre entender (*Verstehen*) y conocer (*Erkennen*). Y aunque la modulación que esta distinción recibe en Ortega diverge significativamente de la de Dilthey y también de Gadamer[71], sin embargo, el hecho de recabar en esta distinción en 1914 es muestra de la agudeza y anticipación hermenéutica de Ortega. Pues aunque en nuestros días ya hay una extensa bibliografía que acredita la distinción de origen diltheyiano, sin embargo en 1914, cuando Ortega llama la atención al respecto no era el caso, su "tradición era sumamente tenue […] ni siquiera aparece recogida la expresión en las *Ideen* de Husserl (1913)".[72]

3. EL HORIZONTE GADAMERIANO Y LA PERSPECTIVA ORTEGUIANA

Entre otros aspectos de la relación entre Ortega y Gadamer, destaca Jesús Conill (Conill, 2013: 221) que ambos comparten el método de comenzar fijando un "horizonte" con vistas a una interpretación de las vidas ajenas. Pues nuestras vidas están entrañadas en ese horizonte conformado por cada pueblo y cada época. Es especialmente significativo el tratamiento de este concepto

---

[70] Conill, J. "Una cierta lectura hermenéutica", op. cit., pp. 219–220.

[71] Dicho de modo sucinto, a Gadamer le interesa distinguir la diferente metodología entre CCNN y CCHH. Ortega, por su parte, contrapone la mera erudición de los datos o hechos con la "teoría", en la cual se produce la comprensión.

[72] Marías, J., "Introducción y notas en Meditaciones del Quijote", *op. cit.*, p. 56, nota al pie 24.

de "horizonte" por parte de Husserl (pero también de Nietzsche) –tal y como recuerda Gadamer (Gadamer, 1986: 250 y 307–308)—y especialmente el nuevo impulso que adquirirá en la hermenéutica filosófica gadameriana. Aunque podríamos acudir al ensayo orteguiano de 1924 de las "Las Atlántidas" para trazar el paralelismo, prefiero ahondar en la "Meditación preliminar" de sus *Meditaciones del Quijote*.

De hecho, el concepto de horizonte tan importante para la hermenéutica filosófica de Gadamer está ya en Ortega bajo el nombre de "perspectiva". Pues "horizonte –dirá Gadamer— es el ámbito de visión que abarca y encierra todo lo que es visible desde un determinado punto".[73] Pero añade, a él va aparejado la "ampliación del campo visual" ("ganar nuevos horizontes"). No podemos dejar de estar en determinados horizontes, pero ello no significa que no hayamos de esforzarnos por alcanzar el horizonte correcto. El horizonte como la perspectiva "se desplaza al paso de quien se mueve", porque en el fondo no se trata de acumular diferentes horizontes, como el que se traslada a diversos horizontes cerrados entre sí, sino que lo que se obtiene es un "ascenso hacia una generalidad superior, que rebasa tanto la particularidad propia como la del otro".[74] Y esto es lo que, a mi juicio, queda recogido en el también riquísimo término orteguiano de la "perspectiva". De hecho, Ortega en *Meditaciones del Quijote* no apela a una acumulación de diferentes perspectivas, sino que en la línea de Gadamer se trata más bien de un "ascenso hacia una generalidad superior". Así, por ejemplo, cuando critica a los autores de la Restauración tales como Menéndez Pelayo o Valera, lo hace en términos de una "falta de perspectiva".[75] O cuando critica el huero patriotismo, que anda "confundiendo las más ineptas degeneraciones con lo que es a España esencial", lo caracteriza como un "patriotismo sin perspectiva, sin jerarquías" (Ortega, [1914] 1984: 172).

No es casual que Gadamer introduzca su célebre expresión "fusión de horizontes" tras analizar que no es posible desplazarse a una situación histórica sin desplazarse uno mismo a esa situación. De modo que, cuando uno comprende

---

[73] Gadamer, H. G., *Verdad y método, op. cit.*, p. 1986: 372
[74] *Ibíd.*
[75] Así, por ejemplo, encontramos críticas a Menéndez Pelayo y a Valera: "Léase con detención a Menéndez Pelayo, a Valera, y se advertirá esa falta de perspectiva. De buena fe esos hombres aplaudieron la mediocridad porque no tuvieron la experiencia de lo profundo", Ortega, *Meditaciones del Quijote, Obras completas, op. cit.*, vol. I, p. 772)

ya está tendiendo puentes entre su situación y la que pretende entender, no puede deshacerse de ese trasfondo que confiere la propia tradición o cultura. Y al superar la ficción de que los horizontes son compartimentos estancos, alcanzamos la idea de la fusión de horizontes: "*entender es siempre el proceso de fusión de estos presuntos* [vermeintlich] '*horizontes para sí mismos*'".[76]

En el caso de las *Meditaciones del Quijote* de Ortega creo que esta fusión de horizontes es susceptible de leerse en términos de la interculturalidad entre las dos castas de hombres, el sensualista y el meditativo, a las que la cultura no puede renunciar.

4. EL ESCORZO Y EL TRASMUNDO COMO CLAVES DE LA HERMENÉUTICA INTERCULTURAL EN LAS *MEDITACIONES DEL QUIJOTE*

En *Meditaciones del Quijote* Ortega vio el peligro de que el acto de interpretación incurra en lo que él llamó el "pecado cordial" y que consiste en "desconocer que cada cosa tiene su propia condición y no la que nosotros queramos exigirle [...] Nada hay tan ilícito como empequeñecer el mundo por medio de nuestras manías y cegueras".[77] Este mal que acecha a la interpretación lleva a "empequeñecer el mundo" y a "disminuir la realidad", pues se pierde la profundidad para instalarnos en una superficialidad miope. Para evitar incurrir en la unilateralidad y el estrechamiento de la realidad, sin embargo, el intérprete no ha de anularse ni tan siquiera dejar de ser el sujeto de la interpretación. Lo que hace falta es recuperar el "trasmundo" y en virtud de este "mantener la distensión virtual" y la "cualidad virtual de la lejanía".

El análisis orteguiano del "trasmundo" que antecede en casi medio siglo a la publicación de *Wahrheit und Methode* pone de manifiesto algo que es crucial para la empresa hermenéutica que nos ocupa, a saber, la dimensión de profundidad o escorzo del entender. Efectivamente, hermenéuticamente enfocado el acto interpretativo es estereoscópico y merced a un entender activo conseguimos descubrir nuevos "trasfondos de sentido", trazamos nuevas relaciones. Pues en modo alguno las cosas y menos aún las personas estamos aisladas. Reparar en esa relación constitutiva del entender (*in-tendere*) lleva a

---

[76] Gadamer, H. G., *Verdad y método*, op. cit., p. 377.
[77] Ortega, J. *Meditaciones del Quijote, Obras completas*, op. cit., *vol. I*, p. 766.

"libertar y expansionar secretas potencialidades de ser mucho más". "Diríase que cada cosa es fecunda por las demás".[78] Y especialmente hay un tipo de realidades ("órbitas de realidad") que son lo que podríamos llamar realidades en escorzo porque "no caen sobre nosotros como sobre presas [...] no invaden bárbaramente nuestra persona como hace el hambre o el frío". Se trata de las realidades culturales ("la ciencia, el arte, la justicia, la cortesía, la religión"), que viven "apoyadas en nuestra voluntad". Se trata, por lo tanto, de un tipo de realidades que sólo se pueden descubrir si es en relieve, porque ellas mismas son realidades en relieve. Pero lo más significativo es que el planteamiento de Ortega no se restringe a un enfoque de fenomenología de la percepción sino que amplía su metáfora del escorzo hacia el campo de la comparación intercultural. Y en este sentido creo que es Gadamer y no Husserl el referente para llevar una lectura (re-lectura) de la metáfora orteguiana del escorzo.[79]

Efectivamente estos análisis de la profundidad y la superficie, del trasmundo y el escorzo guardan, a mi modo de ver, un estrechísimo paralelismo con los planteamientos gadamerianos en torno al concepto de horizonte (*Horizont*) y de relieve (*Abhebung*). Pero a diferencia de Gadamer que rentabiliza estas claves conceptuales para el caso de la *Wirkungsgeschichte* (historia efectual o fecundidad histórica), Ortega lo hace para definir con mayor precisión los rasgos propios de la cultura española. Y es muy significativo de qué modo Ortega va desmontando algunos "prejuicios" (perjudiciales) heredados del restauracionismo (las nebulosas germánicas versus la claridad latina) para profundizar en el contraste entre "dos castas de hombres: los meditadores y los sensuales". Mas finalmente, resistiéndose a los encasillamientos eleva su tono crítico en clave inter-cultural "no estoy dispuesto a confinarme en el rincón íbero de mí mismo [...] ¿por qué el español se obstina en vivir anacrónicamente consigo mismo? ¿Por qué se olvida de su herencia germánica?".[80]

---

[78] Ortega, J. *Meditaciones del Quijote, Obras completas, op. cit., vol. I,* p. 782.

[79] Javier San Martín ha asimilado la noción de escorzo de Ortega a la *Abschattung* empleada por Husserl en su fenomenología para referirse a la característica de toda percepción. Véase San Martín, 2012: 103. Por mi parte, no niego que quizá sea este el origen de la noción Orteguiana, pero a mi juicio la metáfora del escorzo en Ortega –tal y como sostiene Julián Marías— "encierra posibilidades no explotadas aún" y va más allá de la estética y de la fenomenología de la percepción para alcanzar lo más característico de su enfoque intercultural. Véase Marías, J. "Introducción y notas en Meditaciones del Quijote", *op. cit.,* p. 118, nota al pie 25.

[80] Ortega, J. *Meditaciones del Quijote, Obras completas, vol. I, op. cit.,* p. 787.

De modo que su entender contrastativo intercultural de la cultura mediterránea le lleva a afirmar la polifonía cultural latente en su trasmundo y a reivindicar más cultura (y menos ostracismo) para el español.[81]

Ortega critica la "dominación comprensiva", que consiste en pretender hacer que las realidades superiores (realidades de la cultura) caigan sobre nosotros como presas y esta crítica se sustancia, a mi juicio de modo genial, en su frase: "cuanto más comprendemos del genio más nos queda por comprender".[82] Un aforismo este que tiene una extraordinaria significación para la hermenéutica pues pone de manifiesto que el entender siempre incompleto es un estímulo y que siempre merece la pena seguir *profundizando* en lo que se está interpretando[83]. Pero Ortega no se detiene en las disputas acerca de si hay que entender al autor mejor de lo que este mismo se entendió a sí mismo[84], sino que para él centrado en el "problema de la cultura española" se trata de "libertarnos de la superstición del pasado, que no nos dejemos seducir por él como si España estuviera escrita en su pretérito".[85] Y ello sólo puede acontecer si recuperamos el genio propio del español, algo que él sitúa en el "estilo de Cervantes".

Es esto lo que a mi juicio tiene una enorme significación para la empresa del entender intercultural, el entender a través del genio propio de cada

---

[81] Tampoco quiero minimizar las diferencias más que significativas entre Gadamer y este primer enfoque de la cultura en Gadamer. Pues desde el patriotismo autocrítico español por el que aboga Ortega "no podemos seguir la tradición; todo lo contrario, tenemos que ir contra la tradición" Ortega, J. *Meditaciones del Quijote, Obras completas, vol. I, op. cit.*, p. 793.

[82] Ortega, J. *Meditaciones del Quijote, Obras completas, vol. I, op. cit.*, p. 775, nota al pie. En el marco de un interesante diálogo con Pio Baroja, Ortega y Gasset recupera esta intuición que cabe situar en Schleiermacher, al que cita poco antes aunque más bien en alusión al "fenómeno de la experiencia religiosa".

[83] La "inacababilidad" (*Unvollendbar*) de la comprensión es una de las constantes de la hermenéutica especialmente en Gadamer a la luz de la historia efectual pues *"[s]er histórico quiere decir no agotarse [Aufgehen] nunca en el saberse"*. Ambos enfoques, el de Ortega y Gadamer, comparte su carácter histórico-hermenéuticos porque están aludiendo a ese ser histórico de la conciencia efectual, que no puede soslayar su vínculo con la historia y su productividad a la luz de los nuevos tiempos

[84] Acerca de la historia previa de esta fórmula véase Bollnow, *Was heisst einen Schriftsteller besser verstehen, als er sich selber verstanden hat?*, en *Studien zur Hermeneutik*, vol. I, Friburgo/Br.-Munich, 1982, pp. 48–72.

[85] Ortega, J. *Meditaciones del Quijote, Obras completas, vol. I, op. cit.*, p. 793.

pueblo. Pues en el entender intercultural que estamos ensayando no se trata del sentido que yo pongo en una cosa, sino del sentido tal y como se muestra desde el punto de vista del genio propio de cada cultura. Pero además este "comprender más del genio" se trata de una "ilimitación de los valores máximos" que "trasciende por todos lados la órbita de nuestra dominación comprensiva". El caso de Ortega sobre la cultura española es el de reparar en la "profundidad del Quijote", pues en él y desde él podemos entender el genio español. El valor del clásico de la literatura tan recurrente para la hermenéutica gadameriana sería elevado aquí a "realidad superior" con vistas a caracterizar la auténtica cultura española (con todo lo que habría que purgar de "erudición y restauración").

Para que haya un entendimiento intercultural, para poder entender adecuadamente las culturas es vital que reconozcamos en ellas una "realidad superior", que descubramos la profundidad de éstas. Este reconocer el valor intrínseco de las culturas implica aproximarse a ellas con admiración[86]. Y esto lo vio también de modo ejemplar Ortega al puntualizar que no es que la admiración sea efecto de la incomprensión sino que nos admiramos y algo nos atrae poderosamente hacia sí (¡y no al revés!) porque nos desborda y rebasa límites establecidos de nuestro mundo, ampliando los contornos de nuestro mundo a través del trasmundo (abriendo el espacio polifónicamente a nuevos trasmundos). Por ello si desde la hermenéutica asumimos nuestra facticidad histórica y cultural y reconocemos que las otras culturas tienen algo que decir que merece nuestro respeto y admiración, ya no pueden ser tomadas estas culturas como presas que caen sobre nosotros, sino que han de ser consideradas como "realidades superiores" para nuestra comprensión. Efectivamente, son realidades superiores por su profundidad y porque superan los límites de la comprensión dominadora y al hacerlo nos instan a esforzarnos y tensarnos hacia ellas (*in-tendere*), pues sólo así se llegan a manifestarse realmente. Pero además se trata de "realidades superiores" porque es un tipo de realidad genuinamente humana que emerge cuando no sólo vemos pasivamente sino que interpretamos activamente y le prestamos toda nuestra

---

[86] El error de la comparativa intercultural de Menéndez Pelayo de situar a Alemania en las nebulosas y a España en la claridad, viene originado precisamente por una falta de admiración (pecado cordial) en este caso hacia la cultura alemana y un excesivo celo que se traduce en miopía hacia lo español. Este constituye la falsa erudición carente de cultura que critica Ortega.

atención (*a-tender*), esto es, la miramos sin pretender dominarla. Porque al mirarla y esforzarnos hacia ella, a la vez y de modo complementario nos volvemos pensativamente hacia dentro, leyendo lo de dentro (*intelligere*). El entender intercultural es pues un entender intra-cultural, pero siempre cultural, desde la cultura y en las culturas.

5. LA MODERNIDAD INACABADA DE LAS MEDITACIONES DEL QUIJOTE ENTENDIDA COMO ACTUALIDAD DEL ENFOQUE INTERCULTURAL

El enfoque de la cultura en *Meditaciones del Quijote* rebasa todo lo que hasta entonces se estaba haciendo en el marco de la fenomenología, por ello no creo yo que la contribución de Ortega se limite a la elaboración de una "fenomenología de la cultura".[87] Más bien, a mi modo de ver, que el planteamiento de las *Meditaciones del Quijote* anticipa planteamientos afines a la hermenéutica y con un carácter marcadamente "intercultural". Es cierto que este concepto de interculturalidad ha comenzado a ser de uso habitual a partir de los años ochenta, quizá como superación del *melting pot* del multiculturalismo o tal vez como crítica a cierta forma ciega de globalización. Pero de lo que no cabe duda es de que en Ortega el problema de España no se entiende si no es en las coordenadas del problema de Europa, a la luz de su propia experiencia en Alemania. Lejos de renunciar a lo peculiar de la cultura mediterránea y a la cultura germana el propósito va encaminado a la articulación de ambas.

Hoy seguimos viviendo desde otra circunstancia histórica a la de Ortega el problema de España, incluyendo los problemas de secesión, especialmente en Cataluña y País Vasco, el debate de si República o Monarquía, las críticas a la falta de pensamiento libre o a una democracia más participativa… Qué duda cabe de que volver a Ortega es un estímulo para repensar la modernidad inacabada de sus obras y de sus enfoques. Yo reivindicaría con especial énfasis la matriz conceptual del escorzo desde la que pensar nuestra coyuntura histórica y cultural, por ser esta genuinamente intercultural. Pues lo que

---

[87]   A juicio de Javier San Martín "la perspicacia de Ortega, y su gran contribución a la fenomenología, será llevar la fenomenología de la percepción [basándose en los análisis de Schapp] a una fenomenología de la cultura" (San Martín, J., *La fenomenología de Ortega y Gasset, op. cit.*, p. 91).

nos muestra el riquísimo uso de la metáfora del escorzo es que si de modo exclusivo pensamos en la cultura española desligada de Europa acabamos por aplanarnos en la superficialidad y perdemos la perspectiva, esto es, la profundidad que es la que confiere la "cualidad virtual" de lo real.

Concluyendo, creo que este planteamiento centrado en el problema de España y su lugar dentro de Europa es aplicable en nuestros días a tantos nacionalismos secesionistas (tanto dentro de España como fuera de ella) que acaban por perder la riqueza y virtualidad real de cada cultura y la necesidad constitutiva de ser enriquecida a partir del contraste con otras culturas y tradiciones. De otro modo corremos el riesgo de la ceguera y el aplanamiento. Merced al contraste o visión escorzada la unión no es confusión, sino una rica fusión de horizontes que pone de relevancia la singularidad de cada cultura, no a expensas del resto sino en virtud del resto. A esta sazón la lectura de *Meditaciones del Quijote* de Ortega y Gasset, cien años después, sigue teniendo algo que decirnos y al hacerlo actualizamos su modernidad inacabada.

Una Lectura Intercultural de la Hermenéutica Filosófica de H.G. Gadamer[88]

1. ENSANCHANDO EL HORIZONTE INTERCULTURAL DE LA HERMENÉUTICA DE H.G. GADAMER

Muchos son los que han definido nuestro tiempo en términos de riqueza y diversidad cultural. Y aunque el concepto de interculturalidad es de uso relativamente reciente, lo cual también es constatable en los ámbitos filosóficos, ya existe lo que ha dado en llamarse "filosofía intercultural".[89] Esta perspectiva filosófica incide con especial empeño en la capacidad de (re-)descubrir la pluralidad de las culturas y de reconocer la especificidad de la propia comprensión en tanto que culturalmente constituida. El interrogante que deseo plantear en este tercer capítulo y en el siguiente es si la hermenéutica filosófica tal y como Gadamer la plantea es capaz de dar debida cuenta de la experiencia intercultural. O si, por el contrario, tal y como sostiene Ram Adhar Mall, se presentan importantes escollos a la hora de ensayar una lectura intercultural de Gadamer, al ser visto el autor de *Verdad y método* como un defensor de la filosofía occidental, incapaz de reconocer tradiciones filosóficas no occidentales.[90]

---

[88] Una versión previa de este trabajo fue publicada en *Ideas y Valores* 66, n.° 164 (2017): 265–280.

[89] Un resultado de esta filosofía intercultural ha sido, por ejemplo, el proyecto Polylog (Foro para la filosofía intercultural), en el que han participado autores como R. Panikkar, H. Kimmerle, R.A. Mall entre otros http://them.polylog.org/

[90] Mall, R. A., *Die drei Geburtsorte der Philosophie*, Bouvier Verlag, Bonn, 1989; Mall, R. A., *Philosophie im Vergleich der Kulturen*, Primus Verlag, Darmstadt, 1996; Mall, R. A., *Hans-Georg Gadamer interkulturell gelesen*, Inna Braun Verlag, Traugott Bautz GmbH, 2005.

Por otra parte, es cierto que en Gadamer no hay una explicitación de su enfoque aplicado al caso de la interculturalidad, pero ¿sería equivocado sostener como hace Jean Grondin que la interculturalidad fue una preocupación constante en su pensamiento no solo después de *Verdad y método* como mantiene el propio Ram Adhar Mall sino incluso desde su juventud?[91] Más aún, habría que preguntarse si para abrirse a nuevas formas filosóficas culturales hay que llevar a cabo una salida de la propia tradición como consecuencia de la necesidad de recurrir a un comienzo completamente nuevo (como quizá podamos ver en su maestro Heidegger), o más bien ésta ha de tener lugar a partir de la recuperación-revitalización (*revival*) de la tradición humanista y una revalorización de los clásicos de la filosofía occidental.

Con todo, más allá de que Gadamer se negase a llamar filosofía al tipo de sabiduría oriental en sus diferentes versiones y de que éste no haya abordado explícitamente el tema de la interculturalidad en sus escritos habría que cuestionar si la miopía hacia la interculturalidad que Mall denuncia en Gadamer desacredita la posibilidad de llevar a cabo una teoría de la experiencia en términos interculturales. O si, por el contrario, más de setenta años después de su publicación aún podemos llevar a cabo una lectura crítica y reflexiva de *Verdad y método* en clave intercultural. La cual sin duda implicará volver a las claves del humano entender (*Verstehen*) y a una hermenéutica aplicada a las ciencias humanas, ahora enfatizando la diversidad cultural constitutiva de las sociedades humanas y la resultante "fusión de horizontes" no sólo históricos sino en términos genuinamente culturales. Y a esta fusión de horizontes culturales cabría llamar interculturalidad. Es esto último lo que constituye la hipótesis de trabajo del presente capítulo, a saber, subrayar la dimensión cultural y la interculturalidad en la matriz teórica de la hermenéutica filosófica. Podríamos formularlo con el siguiente interrogante: ¿contribuye la interculturalidad a una superación hermenéutica de la propia cultura?, ¿en qué consiste dicha superación?

---

[91]   Grondin, J. "Zu Welcher Kultur gehört man eigentlich? Bemerkungen zur Kultur der Interkuluralität". *Orthafte Ortlosigkeit der Philosophie. Eine Interkulturelle Orientierung. Festschrift für Ram Adhar Mall zum 70. Geburtstag.* Eds. H.R. Youzefi, I. Braun y H. J: Scheidgen. Nordhausen, Trauott Bautz Verlag, 2007. 139–148.

2. NO SOLO LA HISTORICIDAD SINO TAMBIÉN LA CULTURALIDAD COMO CONDICIONES TRASCENDENTALES DEL (HUMANO) ENTENDER

Es sabido el lugar central que para Gadamer ocupa Dilthey en el descubrimiento de la historicidad de todo lo viviente. Sin embargo, en el contexto de la obsesión epistemológica del historicismo característica del siglo XIX, a juicio de Gadamer, el planteamiento diltheyiano es insuficiente y "aporético" pues aún perviven las pretensiones epistemológicas de un saber absoluto de la historia. Será con la revalorización husserliana de la *Lebenswelt* (mundo de la vida) y, sobre todo, desde la hermenéutica de la facticidad heideggeriana cuando la historicidad consiga desvincularse del ideal cientificista del conocimiento y se eleve a la categoría de principio.[92] Para ello nada mejor que aplicar la propia máxima del historicismo, según la cual toda doctrina ha de entenderse desde su época, para superarlo y con ello des-absolutizarlo. Es a esto a lo que podríamos llamar con Grondin la "autosuperación hermenéutica del historismo".[93] Se trata, efectivamente, de un ejercicio de contextualización en el que toda comprensión opera desde un momento histórico, nunca en el vacío intemporal, nunca a la in-temperie en el que se concibe el punto de vista absoluto.

La estructura de la comprensión humana está constituida por esta historicidad, la cual no ha de ser entendida como una limitación (al menos, no sólo ni principalmente) sino como las condiciones de posibilidad de la comprensión. Pero, aunque Gadamer no incide tanto en ello como en la historicidad, qué duda cabe de que somos hijos de nuestro tiempo y también de nuestra cultura. Al introducir la "culturalidad" como dimensión insoslayable desde la que podemos entender conferimos un matiz que, a mi modo de ver, no está suficientemente explícito en la hermenéutica filosófica gadameriana, a saber, que la configuración de mundo depende diacrónicamente del tiempo histórico particular pero también sincrónicamente de la cultura concreta. Es importante incidir en que es en el entramado histórico y también cultural en el que se hace posible llegar a entender. A menudo la dimensión histórica y la dimensión cultural van entretejidas y resulta difícil separarlas, pero en otras ocasiones, incluso en un mundo tan interconectado y globalizado

---

92 Gadamer, H.G., *Verdad y método, op. cit.*, 277–330.
93 Grondin, J., *Introducción a la hermenéutica filosófica, op. cit.*, pp.162–165.

como el nuestro, puede diferenciarse una amplia diversidad de formas de vida culturales que configuran una comprensión particular del mundo, en ocasiones incluso ante los mismos acontecimientos.

De hecho, el reconocimiento de la propia cultura es propiciado por el reconocimiento de la diversidad cultural. Sólo cuando me apercibo de dicha pluralidad es cuando puedo concretar y especificar lo más peculiar y genuino de mi propia cultura. Tarea que requiere adentrarse en la propia tradición, pero también en aquellas otras de las que se diferencia. En este primer punto podemos concluir que no sólo la historicidad sino también la culturalidad son dimensiones del humano entender. Y lo más interesante es que a tenor de la perspectiva gadameriana dicha dimensión no se da con independencia de los contenidos culturales propios de cada tradición, sino que se pone de relevancia al descubrir las diferencias entre unos y otros.

En este sentido creo que no va desencaminada la analogía que Charles Taylor establece entre el tratamiento de la lingüisticidad en Gadamer y el suyo de cultura como dimensiones constitutivas de la experiencia humana, las cuales escapan al cientificismo.[94] Efectivamente, si el lenguaje es constitutivo de la experiencia del Ser de modo que dicha experiencia no puede tener lugar sin comprensión histórica ni sin lenguaje, habría que considerar también a la cultura como elemento constitutivo de toda comprensión. Y a la luz de la expresión de Jean Grondin, podríamos plantearnos si no habría algo así como una superación o autosuperación hermenéutica de un modo distorsionado de cultura.

3. SUPERACIÓN HERMENÉUTICA DEL ACULTURALISMO

Al igual que el historicismo se supera hermenéuticamente aplicándose a sí mismo, es decir, considerando la historicidad de toda comprensión, también es posible superar hermenéuticamente determinados enfoques que soslayan la dimensión cultural (culturalidad) propia de toda comprensión. A esta sazón el problema radica en pensar que sólo es posible comprender una cultura saliendo y deshaciéndose de todos los esquemas y condicionantes que genera la propia cultura. Dicho de otra manera, que no sería posible

---

[94] Taylor, C. "Gadamer on the human sciences". *The Cambridge companion to Gademer.* Ed. J. Dostal, Cambridge University Press, Cambridge, 2002, p. 129ss.

explicar correctamente las otras culturas hasta que no se adopte un punto de vista científico acultural y por lo tanto absoluto. Y sólo a partir de ese punto de vista sería posible extraer la estructura de la dimensión cultural del ser humano presente en todas las culturas. Es importante destacar que al igual que el historicismo criticado por Gadamer, que pretendió comprender la historia saliendo de ésta, este punto de vista pretendería definir los aspectos de la culturalidad saliendo de cualquier cultura particular.

Las pretensiones aculturales del cientificismo en las ciencias humanas constituyen, sin embargo, uno de los defectos de buena parte de la cultura filosófica.[95] Y yo del lado de J. Ortega y Gasset, H.-G. Gadamer y de Charles Taylor, entre muchos otros, añadiría que es sintomático especialmente en la Modernidad donde el "naturalismo" campa a sus anchas.[96] Es esta cultura científica del punto de vista absoluto (ahistórico y acultural) la que hace imposible reconocer la historicidad y, sobre todo, la culturalidad propia de la comprensión y con ello pensar y actuar interculturalmente. ¿Acaso sería posible reconocer la diversidad cultural si antes no se ha puesto de manifiesto la culturalidad de todo entender? Considerar que la especificidad propia de cada una de las culturas no interviene en la forma en que cada uno de sus miembros comprende el mundo es una forma de alimentar el aculturalismo o, en definitiva, de considerar que sólo hay una única cultura científica de las evidencias, de las razones absolutas y de los argumentos culturalmente descontextualizados ("desde ninguna parte"). Es este uno de los aspectos que Charles Taylor ha criticado reiteradamente al planteamiento naturalista de las ciencias humanas.[97]

---

[95] Autores muy destacados de la "filosofía intercultural" como Raimon Panikkar, Ram Adhar Mall, Heinz Kimmerle o Raúl Fornet Betancourt se refieren a esta "cultura filosófica" de las evidencias y las razones absolutas para mostrar que es deficiente e incapaz de interculturalidad. Cf. Especialmente el número 1 del proyecto Polylog (Foro para la filosofía intercultural) http://them.polylog.org/1/index-es.htm

[96] Gracia, J., *Ética y política en Charles Taylor. Claves para una sociedad intercultural*, Editorial Académica Española, Saarbrücken, 2011, pp. 162–182.

[97] Puede encontrarse esta crítica diversamente modulada desde la recopilación de trabajos en los dos volúmenes de sus *Philosophical Papers* (Cambridge University Press, Cambridge, 1985), pasando por su obra más conocida, *Fuentes del yo* (Paidós, Barcelona, 1996), hasta sus obras más recientes como la publicada conjuntamente con H. Dreyfus, *Recuperar el realismo* (Rialp, Madrid, 2016).

Valiéndose de la hermenéutica filosófica de Gadamer y aplicándola al caso de la interculturalidad, es posible también desabsolutizar el cientificismo que ha acompañado a determinadas explicaciones de las culturas. Pues de lo que se trata no es de pretender salir del horizonte de la propia cultura sino de apropiárselo adecuadamente. No reparar en el carácter culturalmente contextualizado de la comprensión lleva a malentender, a distorsionar la realidad y a proyectar sobre otras culturas aspectos de la propia. Por el contrario, reparando en los aspectos culturales propios, o para decirlo con la expresión de Gadamer, "rehabilitando los (propios) prejuicios" se hace posible no llegar a proyectarlos inconscientemente sobre prácticas culturales diferentes.

Como hemos dicho al comienzo, en Gadamer no se plantea de forma explícita el objetivo de alcanzar un entendimiento intercultural, ni tampoco se alude a otras tradiciones filosóficas desde las que poder criticar comparativamente el coste del cientificismo de la cultura occidental. La crítica de Gadamer al cientificismo moderno y occidental hunde sus raíces en una de las principales tradiciones de la cultura occidental, la tradición humanista. Es decir, la superación de ese aculturalismo cientificista a la hora de comprender las sociedades humanas no se lleva a cabo localizando otros lugares en los que nace la filosofía (como en el caso de Mall), sino redescubriendo la diversidad que ya contiene la propia tradición filosófica occidental.

4. EL RECURSO A LA TRADICIÓN HUMANISTA EN *VERDAD Y MÉTODO* COMO AUTOSUPERACIÓN DE LA CULTURA OCCIDENTAL

Desde las primeras páginas de *Verdad y método*, en el entramado de la superación de la estética, encontramos una recuperación de la tradición humanista y de algunos de sus conceptos principales tales como *Bildung* (Formación), *Sensus comunis*, *Urteilskraft* (capacidad de juicio) y *Geschmack* (gusto). Es interesante llamar la atención de que esta actualización de la tradición humanista es una forma de apropiación crítica de la cultura occidental. Pues con ello Gadamer se está desmarcando del tecnicismo de la racionalidad instrumental que ha ocupado un puesto hegemónico en la Modernidad. Se trata de volver a una tradición viva de la formación humanista para superar el reduccionismo del cientificismo moderno y así poder abrir y ensanchar el concepto y el uso de nuestra racionalidad en toda su amplitud.

A juicio de Grondin, esto marca una importante diferencia entre Heidegger y Gadamer con vistas a ser leídos interculturalmente.[98] En Heidegger, quien de hecho mantuvo una conversación con un japonés, para poder llevar a cabo un encuentro con la cultura asiática era necesario una salida de los presupuestos de la cultura occidental y tener que realizar un comienzo completamente nuevo.[99] Sin embargo, Gadamer lleva a cabo una vuelta a la tradición humanista para superar la unilateralidad de la razón instrumental y como modo de apropiación de la cultura occidental. No hay por lo tanto en Gadamer el recurso a esperar un nuevo Dios (en otras culturas) que nos permita superar las limitaciones de la filosofía del olvido del ser (filosofía occidental), sino la autocorrección de la propia comprensión de las ciencias humanas recurriendo a la tradición.

5. SUPERACIÓN INTERCULTURAL DE LA ONTOLOGIZACIÓN DEL CÍRCULO HERMENÉUTICO

Entre las críticas más destacadas a *Verdad y método* encontramos la de autores como Jürgen Habermas[100] o Karl-Otto Apel,[101] que vieron en la rehabilitación de los prejuicios, la autoridad o la tradición el peligro de sobrevalorar en exceso la propia tradición hasta el punto de que el propio prejuicio constituya un gravoso perjuicio y de que la tradición pueda esconder situaciones de opresión y de violencia inaceptables por más que se hayan perpetuado a lo largo de la historia. A este respecto, ¿no supo la Ilustración lo que la hermenéutica gadameriana olvida, a saber, que la tradición si bien puede ser un contexto donde acontezca la verdad y el entendimiento, también es el lugar donde tiene lugar la falsedad y la violencia?

---

[98] Grondin, J., "Zu Welcher Kultur gehört man eigentlich? Bemerkungen zur Kultur der Interkuluralität", *op. cit.*, p. 144.

[99] Heidegger, M., *De camino al habla*, Serbal, Barcelona, 2002; Gumbrecht, H. U., "Martin Heidegger and his Japanese interlocutors. About a limit of Western Philosophy", *Diacritics*, 30/4 (2000), pp. 83–101.

[100] Habermas, J.,"Der Universalitätsanspruch der Sozialwissenschaften". *Philosophische Rundschau 5*, 1967, pp. 172–180.

[101] Apel, K.-O. et al., *Hermeneutik und Ideologiekritik*. Suhrkamp, Fráncfort del Meno, 1971.

Por su parte, en su lectura intercultural de este problema, Ram Adhar Mall cuestiona y se pregunta si la rehabilitación de los prejuicios gadamerianos no acaba por privilegiar las preestructuras propias de una cultura en detrimento de otras. ¿Contribuye la rehabilitación gadameriana del prejuicio a trazar puentes de la interculturalidad o acaba sesgando prejuiciosamente los enfoques? Para Mall el hecho de que sin una rehabilitación de los prejuicios no podamos aproximarnos adecuadamente al asunto hace que la hermenéutica gadameriana se tope con una "casi aporía". ¿Sólo entendemos en la medida en que traducimos a nuestra situación el texto?[102] Es el concepto de aplicación gadameriano el que también, a juicio de Jean Grondin,[103] presenta sendas dificultades más allá del contexto de la *Wirkungsgeschichte* y el que termina debilitando las posibilidades de un auténtico entendimiento intercultural.[104]

Mall incide en que hay algo fatídico en el concepto gadameriano de la *Wirkungsgeschichte* en la medida en que nosotros pertenecemos más a la historia de lo que ella nos pertenece. Y pasa a cuestionar si en el trasfondo del enfoque gadameriano no estará la historia europea y no una historia mundial, ya que es la tradición de Platón a Heidegger la que de hecho Gadamer recupera a lo largo de sus publicaciones. En suma, ¿nos habilita la *Wirkungsgeschichte* gadameriana para la interculturalidad o nos reconduce de nuevo hacia una "filosofía intracultural"?[105] A juicio de Mall, Gadamer habría situado en la propia tradición el punto arquimédico de la comprensión, llegando con ello a quedar atrapado en el círculo hermenéutico de los propios prejuicios. Pues, el otro queda conceptualmente atrapado en nuestros propios esquemas.[106] A lo que añade, ¿no sería posible resolver el dilema cultivando el propio punto de vista como si uno estuviera más allá del círculo hermenéutico?[107]

El problema hermenéutico de que sólo pueda comprenderse siempre desde al menos una tradición no ha de eclipsar que el propio Gadamer puso el

---

[102]   Mall, R. A., Hans-Georg *Gadamer interkulturell gelesen*, *op. cit.*, p. 80.

[103]   Grondin, J., *Introducción a la hermenéutica filosófica*, *op. cit.*, p. 168.

[104]   Grondin, J., "Vom Problem des Verstehens zur Herausforderung der interkulturellen Verständigung". *Wittgenstein-Studies* 3, 2001, p. 74.

[105]   Mall, R.A. "Europa im Spiegel der Weltkulturen oder eine nicht-europäische Entdeckung Europas –Vom Mythos der Europäisierung der Menschheit". *Gymnasium. Zeitschrift für Kultur der Antike und Humanistische Bildung*, 106, 1, 1999, pp. 481–499.

[106]   Schültz, A., *Der Fremde, Gesammelte Aufsätze*, vol. 2, Nijhoff, La Haya, 1971, pp. 61 y ss.

[107]   Mall, R. A., *Philosophie im Vergleich der Kulturen*, *op. cit.*, pp. 78 y ss.

acento en aquello que queda latente en el trasfondo de toda comprensión, de modo que una tradición no se refleja sólo en "lo dicho" sino también en lo que queda latente sin llegar a decirse. Esto ha abierto significativas investigaciones acerca de cómo entender la universalidad de la hermenéutica en las que no vamos a entrar aquí.[108] Aunque conviene recordar que el Gadamer de los últimos tiempos revisó su propio concepto de entender[109].

En el próximo capítulo analizaremos el modo como Mall pretende una salida al "dilema hermenéutico" abogando por una idea regulativa que no pertenece a ninguna tradición en particular y que, a su juicio, es posible situar metonímicamente "localmente sin lugar" ("orthaft ortlos")[110]. A continuación, nos vamos a detener a ver si en Gadamer es posible encontrar algún tipo de idea regulativa que sirva de criterio para criticar las culturas y cómo ésta puede conducir hacia la interculturalidad, superando así los particularismos relativistas a la vez que el aculturalismo cientificista.

6. REDESCUBRIENDO LA *BILDUNG* A LO LARGO Y ANCHO DE LAS CULTURAS

A mi modo de ver, es la *Bildung* latente en toda cultura la que ofrece las claves regulativas de la interculturalidad para la hermenéutica filosófica. Y es desde ésta como la cultura adquiere la significación de "conjunto de conocimientos que permite a alguien desarrollar su juicio crítico"[111] y en este sentido hace posible que la fusión de horizontes culturales no derive en una confusión en la que el relativismo incorregible campe a sus anchas.

---

[108]   Grondin, J., *Introducción a la hermenéutica filosófica, op. cit.*, pp. 174–178.
[109]   A este respecto –como destaca Grondin— en el escrito gadameriano de 1993 *Europa und Oikumene* "el entender ya no parecía más un 'aplicar' o una apropiación del otro, sino un reconocer que el otro puede seguir teniendo razón en contra de mí" (Grondin, J., *Hans Georg Gadamer. Una biografía*, Herder, Barcelona, p. 433. El texto de Gadamer está recogido en Gadamer, H. G., *Gesammelte Werke 8. Hermeneutik im Rückblick*, Mohr Siebeck, Tübingen, 1990, pp. 350–361.
[110]   Resulta difícil una traducción ajustada de la expresión de Mall "orthaft ortlos" que emplea recurrentemente en sus escritos, a veces, a la inversa "ortlos orthaft" para expresar el rechazo de la hermenéutica posmoderna a la absolutización y al privilegio de determinadas tradiciones culturales en detrimento de otras.
[111]   *Diccionario Real Academia de la Lengua Española, Espasa Calpe*, Madrid, 2001, p. 714.

Si para Herder la *Bildung* significó "ascenso a la humanidad" y para Hegel el ascenso a la generalidad desde la facticidad como tarea humana que requiere libertad, en Gadamer la "generalidad no es seguramente una generalidad del concepto o de la razón" sino el "elevarse por encima de sí mismo hacia la generalidad".[112] Lo relevante a este respecto es destacar la relación que se establece entre la formación y la noción de *êthos*. Una relación marcada por ese ascenso a la humanidad, pues el hombre "no es por naturaleza lo que debe ser". Sólo a través de la formación de su carácter en una determinada cultura es como consigue rebasar la inmediatez del deseo, de la necesidad personal y del interés privado. Es así como el proceso formativo se nutre de una sustancia histórica dada en el idioma, las costumbres y las instituciones y tiene lugar la emergencia de la autoconciencia libre en tanto que ha rebasado la inmediatez y alcanzado la generalidad del "deber ser".

Sin embargo, la noción de *Bildung* gadameriana comporta algunas limitaciones que se sustancian en el alejamiento respecto de la *Kultur*,[113] lo cual no ocurre en castellano con nuestro actual concepto más polisémico de cultura.[114] A diferencia de la separación entre la *Bildung* y la *Kultur* que apunta Gadamer, yo abogo por un concepto multidimensional de cultura que permita superar las derivaciones etnocentristas a las que puede conducir la definición humanista de cultura. Buscamos por lo tanto un concepto de cultura que no esté asentado sobre una tradición concreta, sino que permita repensarse a través de la interculturalidad.

Centrarse en la *Bildung* y dejar de lado la *Kultur* tal y como hace Gadamer, comporta, a mi juicio, las limitaciones que sociológicamente podemos detectar en la definición humanista de cultura.[115] En primer lugar, al establecer una jerarquía de acuerdo con la distribución de determinados recursos simbólicos e incidir en la idea de bien cultural que debe atesorarse, desconoce (y oculta) las raíces sociales que rigen la distribución asimétrica de tales bienes. En segundo lugar, se trata de un concepto normativo marcado por la meta a alcanzar, pero fácilmente soslaya la estructura de relaciones sociales y de las desigualdades que produce y reproduce. Pero, sobre todo y en tercer lugar,

---

[112]   Gadamer, H. G., *Verdad y método, op. cit.*, pp. 46–47.
[113]   Gadamer, H. G., *Verdad y método, op. cit.*, p. 39.
[114]   *Diccionario de la Real Academia de la Lengua Española, op. cit., p.* 714.
[115]   Ariño, A., *Sociología de la cultura. La constitución simbólica de la sociedad*, Ariel, Barcelona, 1997, p. 47

"este tipo de concepto humanista cae fácilmente en el etnocentrismo: Tiende a confundir lo propio del grupo con lo propio de la especie".[116]

No creo que en el caso de Gadamer se le pueda atribuir cierta ideología de la excelencia como estrategia de distinción social. No veo en su recuperación del recurso humanista algo que pueda ser asociado con la clase alta, más bien hay una recuperación de la tradición humanista en su concepto de *Bildung* frente a la hegemonía del conocimiento científico-técnico. Pero creo que sí que sería muy fecundo complementar el sentido humanista con el significado etnográfico de cultura. Pues es precisamente el peligro etnocéntrico del sentido humanista de cultura el que se cierne sobre la *Bildung* herderiana (a la que Gadamer alude como "su fundamental determinación"), si el pretendido "ascenso a la humanidad" no reconoce, a su vez, las diversas formas de concreción a través de las diferentes culturas (*Kulturen*). De hecho, el propio Herder sirve de referencia para situar el concepto moderno de cultura,[117] sobre el cual hay que reconocer que el propio Gadamer no habla, sino que se centra en la distinción operada por Wilhelm von Humboldt.[118]

A este respecto hay que tomar en consideración el sentido etnográfico de cultura con el propósito de repensar la diversidad de culturas (en plural). Como es sabido se atribuye a Edward B. Tylor ser el primero que ofrece una definición descriptiva de cultura con valor antropológico.[119] En el tema que nos ocupa, considero que dicho sentido etnográfico o antropológico de cultura es el que permite desvelar las ilusiones etnocéntricas al reparar en la enorme diversidad de culturas ya que cada cultura es autónoma aunque interdependiente. El avance vendría del lado del reconocimiento de la diferencia o la diversidad de culturas. La "dignidad de la diferencia" surgiría precisamente al reconocer que hay diversas formas en las que es posible expresar la cultura y no un único camino marcado por una tradición particular. A este

---

[116] Ariño, A., "El rostro cambiante de la cultura. Para una definición sociológica", en Llinares, J. B. y Durá, N. (eds.) *Ensayos de Filosofía de la cultura*, Biblioteca Nueva, Madrid, 2002, p. 245.

[117] Dempf, A. *Filosofía de la cultura*. Madrid: Revista de Occidente, 1933, pp. 15–46; Fisch, J., "Zivilisation, Kultur", en O. Brunner, W. Conze y R. Koselleck (eds.), *Geschichtliche Grundbegriffe*, Klette-Cotta, Stuttgart, 1992, pp. 705–712.

[118] Gadamer, H. G., *Verdad y método, op. cit.*, p. 39; Fisch, J., "Zivilisation, Kultur", *op. cit.*, p. 728.

[119] Tylor, E. B., *Primitive culture*, JP. Putnam's Son, New York, 1921, p. 1.

respecto, Ariño aboga por un "concepto multidimensional de cultura" que recoja tanto la "dimensión fenomenológica" como la "dimensión sociológica" entre otras.[120] Por mi parte, sin embargo, considero que sería más fecundo reformular ambas como dos lados de un mismo "enfoque hermenéutico" de la cultura.

Respecto a la creación de un concepto multidimensional desde la hermenéutica y volviendo a *Verdad y método*, yo creo que precisamente para no incurrir en la generalidad conceptual hegeliana del término *Bildung* como Gadamer pretende, puede ayudar (volver a) vincular la *Bildung* a la *Kultur*. Pues de este modo queda de manifiesto que no es hermenéuticamente posible alcanzar el punto de vista absoluto, con independencia de la(s) cultura(s) heredada(s). La persona formada no lo es por haberse salido del horizonte cultural, sino que lo es por ser una *persona con cultura*, por haberse apropiado de su tradición y tras haberse reconocido en el ser otro, haber retornado a sí. Y es esta persona con cultura la que en el ejercicio de apertura a lo extraño de sí consigue "mantener en forma" la propia cultura (y al hacerlo concebir la cultura como lo propio).

Más aún, habría que reconocer que el propio Gadamer se distancia de Hegel y considera que el tipo de generalidad que se alcanza a través de la *Bildung* no ha de demostrarse concluyente, sino que "los puntos de vista generales hacia los cuales se mantiene abierta la persona formada no representan un baremo fijo que tengan validez, sino que le son actuales como posibles puntos de vista de otros".[121] Este tipo de valiosas consideraciones propias del enfoque hermenéutico nos ponen en guardia frente a las pretensiones de alcanzar un punto de vista absoluto o "desde ninguna parte". Pero también, a mi juicio, permiten completar el significado humanista de cultura con el aporte de la significación etnográfica. Completar no quiere decir en ningún caso sustituir, pues si el etnocentrismo constituye un peligro para la definición humanista, no lo es menos que el relativismo amenaza a la definición etnográfica con la imposibilidad de realizar una crítica entre (y a través de) culturas diversas.[122]

---

[120] Ariño, A., *Sociología de la cultura*, op. cit., p. 61ss.

[121] Gadamer, H. G., *Verdad y método*, *op. cit.*, p. 47.

[122] Winch, P., "Understanding a primitive culture". *Ethic and Action*, Routledge and Kegan Paul, London, 1972; Gracia, J., *Ética y política en Charles Taylor, op. cit.*, pp. 162–166.

7. REDESCUBRIENDO LAS CULTURAS (EN PLURAL) DESDE LA INTERCULTURALIDAD

Al comienzo de este capítulo hemos llamado la atención sobre el peligro de obviar la culturalidad como dimensión propia de la comprensión y hemos incidido en la necesidad de reparar en la propia cultura para no proyectar sobre miembros de otras culturas rasgos pertenecientes a la propia. Ahora podemos reparar en el peligro contrario, a saber, encasillar a las personas dentro de unas culturas determinadas obviando la dinamicidad y la complejidad identitaria de dicho individuo. Pues cuando nos planteamos la cuestión acerca de la pertenencia a una u otra cultura corremos el riesgo de encasillar a las personas, que de hecho son mucho más plurales y su pertenencia no se reduce a uno sino a diferentes ámbitos y contextos culturales.[123] Más aún, ¿no es cierto que las propias culturas han bebido unas de otras y por lo tanto es posible redescubrir dentro de éstas un núcleo (latente o manifiesto) de interculturalidad? Desde un enfoque genuinamente hermenéutico y en el entramado ya de por sí intercultural quebequés, Jean Grondin plantea en estos términos su apuesta por redescubrir la "cultura" en singular en el horizonte del debate en torno a la interculturalidad.[124] Por su parte, Raimon Panikkar, siempre en la encrucijada de la interculturalidad, lo expuso de modo brillante.

> [L]a interculturalidad es inherente al ser humano y que una cultura única es tan incomprensible e imposible como una sola lengua universal y un hombre solo. Todas las culturas son el resultado de una continua fecundación mutua. [...] Estamos diciendo que la interculturalidad es la forma completa de la cultura humana. Pero la interculturalidad no significa ni una (sola) cultura, ni una pluralidad inconexa.[125]

En virtud del enfoque hermenéutico el reconocimiento de la interculturalidad nos conduce aquí a una intraculturalidad, es decir, a adentrarse dentro de la propia cultura, pero en términos de encrucijada de tradiciones, de fusión de horizontes culturales. Y esto es manifiesto cuando se incide en la pluralidad

---

[123] Grondin, J., "Zu Welcher Kultur gehört man eigentlich? Bemerkungen zur Kultur der Interkuluralität", *op. cit.*, p. 148.

[124] Ibíd.

[125] Panikkar, R., "Religión, Filosofía y Cultura", http://them.polylog.org/1/fpr-es.htm#s6. párrafos 96 y 99, [consultado el 10 de enero de 2022].

de culturas que ya hablan dentro del propio individuo.[126] A este respecto, inter-culturalidad e intra-culturalidad son dos procesos complementarios que se retroalimentan. Lo que ambos plasman es la matriz cultural (culturalidad) en el que las personas llegan a hacerse personas y la necesidad de recuperar la cultura en singular como "cultura animi",[127] es decir, recuperar la tradición humanista de la cultura como formación de las personas.

Esto es lo que, a mi modo de ver, no consigue alumbrar la filosofía inter-cultural de Ram Adhar Mall porque contrapone la interculturalidad a la intraculturalidad. Lo cual lleva a alimentar posibles estereotipos y encasillamientos que impiden llevar a cabo un auténtico encuentro intercultural. Es cierto que el eurocentrismo ha sido una constante en la filosofía y que el desconocimiento de las tradiciones orientales es acuciante tal y como sostiene, entre otros, Mall. Pero para la empresa de intentar comprender otras culturas y tradiciones puede ayudar extraordinariamente recuperar la diversidad cultural que ya habla en la propia cultura e historia. De hecho, sostengo que la inter- y la intra-culturalidad son procesos complementarios que se retroalimentan, o mejor dicho, un mismo proceso hermenéutico con dos vectores complementarios. Pues cuanto más somos capaces de ver la polifonía de voces culturales que habla en nosotros más dispuestos estamos a captar la diversidad que habla en otros sujetos. Y, a la inversa, cuanto más entramos en contacto con personas de otras culturas más y mejor redescubrimos la diversidad que ya habla en nosotros.

Por eso en el centro de ambos procesos no está el "dentro" (como quizá pudiera leerse en Gadamer) ni el "fuera" (como pretende Mall al abrir la hermenéutica a las tradiciones asiáticas); en el centro está el "entre", que es encrucijada y encuentro, punto de inflexión y quicio de toda comprensión. A mi modo de ver, este "entre" es posible localizarlo en la cultura entendida en su doble sentido, humanista y etnográfico. Porque la formación de las personas sólo se hace visible en el entramado de unas costumbres y tradiciones particulares. Pero a su vez, el "entre" de la interculturalidad nos sitúa en la distancia adecuada desde la cual poder articular el contraste (*Abhebung*)

---

[126] Gracia, J., "Posibilidad de un individualismo holista. Consideraciones del individualismo moderno desde la filosofía de Charles Taylor". *Isegoría* 42, 2010, pp. 199–213.

[127] Como es bien sabido es Cicerón el que acuña el término "cultura" en las *Opuscula Tusculanae* al aplicar la metáfora del cultivo al ser humano dando lugar a una de las definiciones más ricas de la filosofía como "cultura animi" (cultivo del alma).

con otras tradiciones y costumbres y a realizar el cuestionamiento acerca del carácter formador o deformador de determinadas prácticas culturales. Pues en el estudio comparativo se pone de relevancia la particularidad de cada tradición cultural a la vez que se hacen emerger las pretensiones normativas de la crítica, de modo que el relativismo es más bien relativo.[128] En el quicio de la interculturalidad se cuestiona la intraculturalidad. Pero a su vez, la intraculturalidad cuestionada se redescubre como ocasión para hundir las raíces de la propia cultura en el carácter formador del ser humano. Lo cual implica reconocer la diversidad existente (también dentro de la propia cultura) y destacar las claves éticas desde las que poder determinar el carácter formador o deformador de dichas prácticas.

8. AUTOSUPERACIÓN HERMENÉUTICA DE LA CULTURA EN LA INTERCULTURALIDAD

En primer lugar, la autosuperación hermenéutica de la cultura en la interculturalidad implica la recuperación del concepto de *Bildung* como un modo de reapropiación de la tradición humanista dentro del horizonte cultural occidental moderno. De este modo conseguimos superar el reduccionismo cientificista que atenaza el concepto de método, si bien ya no entendiendo la formación en la dimensión genuinamente histórica sino introduciendo a su vez la dimensión cultural sobre la que Gadamer explícitamente no incide.

En segundo lugar, es posible rebasar los intereses estrictamente occidentales y redescubrir en el concepto de *Bildung* un elemento ético constitutivo a todas las culturas, en la medida en que ellas también son formadoras del ser humano (y precisamente por ello también pueden llegar a tener elementos de-formadores o des-humanizadores). Pero la *Bildung* como elemento regulativo de las culturas y entre las culturas que aquí esbozamos no incurre en las deficiencias de la definición humanista de cultura porque a diferencia de Gadamer no busca distanciarse del significado etnográfico de cultura. Efectivamente, una forma de superar la "generalidad conceptual" que Gadamer detecta en el entramado hegeliano, pasa a nuestro juicio por no distanciar o deslindar (absolutizar) la *Bildung* respecto de la *Kultur*, sino en

---

[128] Beuchot, M., "Interculturalidad", en Ortiz, A y Lanceros, A. (eds.), *Diccionario de hermenéutica*, Universidad de Deusto, Bilbao, 2004.

buscar la justa complementación. Más aún, esta forma hermenéutica de enfocar la cultura entiende que la concreción de lo que humaniza o deshumaniza sólo puede definirse o delimitarse en el continuo ir y venir del diálogo a la vez inter- e intra-cultural. Por eso los límites que se trazan entre las culturas no solamente son rebasables sino que a la luz del concepto multidimensional de cultura que defendemos constituyen horizontes de encuentro y apertura, esto es, fusión de horizontes.

En tercer lugar, este horizonte de apertura cultural alcanzado desde el enfoque hermenéutico de la interculturalidad, incide en que la capacidad para abrirse a nuevas experiencias, la capacidad para tender puentes entre culturas, es un modo de ir alimentando y –valga la redundancia— cultivando la propia cultura, para que ésta no se atrofie llegando al hieratismo. Para la hermenéutica filosófica ya no se trata de una generalidad conceptual hegeliana porque estos puntos de vista generales que permiten la apertura de la persona formada no representan un baremo fijo que tenga validez absoluta. Se trata más bien de la apertura a puntos de vista de los otros lo que permite al hombre culto (formado) mantenerse en forma. Este ascenso del espíritu a lo general no constituye nunca una actividad clausurada y definitiva. La formación completa no remite a una "última fase" sino a un "estado de madurez", que constituye el estado de cultura interculturalmente autosuperada. Pues es el hombre con cultura y amplitud de miras el que realmente está capacitado para redescubrir la interculturalidad latente en su cultura y a su vez tender lazos hacia otras culturas.

El Potencial Intercultural de la Hermenéutica[129]

1. EL PUNTO CRÍTICO DE LA HERMENÉUTICA, COMPRENDER (MÁS) ADECUADAMENTE

En su rehabilitación del prejuicio y la tradición en *Verdad y método*, Gadamer se topa con un importante escollo, a saber, cómo preservar la dimensión crítica del entender. Dicho de otra forma, que la rehabilitación del prejuicio no conduzca a la eliminación de la distinción entre el bien entender y el mal entender. Y lo cierto es que esta cuestión ha conducido, a mi modo de ver y valga la paradójica redundancia, a bastantes malentendidos acerca del propósito y los recursos propios de la hermenéutica filosófica (incluso en el propio Gadamer), dando lugar a críticas y algunas de ellas desfiguradoras de las virtualidades propias del enfoque hermenéutico.

Por lo que respecta a Gadamer, es constatable (al menos, en su propósito) que su enfoque no sólo no eliminaba la distinción entre el bien entender y el mal entender, sino que consideró la necesidad de un entender críticamente reflexivo que procurara "no simplemente llevar a cabo sus anticipaciones, sino hacerlas conscientes para controlarlas y obtener así la comprensión adecuada de las cosas". Pero, ¿cómo distinguir entre prejuicios correctos y opiniones previas falsas que llevarían a malentendidos? Ante la imposibilidad de apelar a criterios absolutos, Gadamer recurre a la *productividad de la distancia temporal*. "Estar abierto a la opinión del otro o la del texto", "estar en principio dispuesto a dejarse decir algo por él", en definitiva, hacer valer la opinión

---

de un tú distinto a un yo, es lo que permite preservar, a juicio de Gadamer, la alteridad y tener "la posibilidad de confrontar su verdad objetiva con las propias opiniones previas"[130].

La solución de Gadamer está marcada por la mediación entre un yo y un tú; una conciencia de sí y una conciencia del tú; un intérprete y el texto. La mediación consiste precisamente en no decantarse ni por el polo subjetivo ni por el objetivo, antes bien se trata de situarse en el puente trazado por la historia que gravita entre ambos.[131] Es esto lo que queda bellamente expresado en su célebre expresión "fusión de horizontes".

Sin embargo, tomar la historia como el puente que nos conduzca hacia un mejor entender no está exento de dificultades puesto que el pasado frecuentemente queda velado y las tradiciones terminan por solaparse y confundirse. Cabría preguntarnos, ¿no queda la historia (efectual) a menudo velada?, ¿no hay en el fondo un exceso de confianza en la fecundidad de la distancia histórica es decir, de la tradición?[132]

2. CARÁCTER DINÁMICO Y LIMITADO DE LA PRODUCTIVIDAD DE LA DISTANCIA TEMPORAL (*ZEITENABSTAND*)

---

[130] Gadamer, H., *Verdad y método, op. cit.*, p. 336.

[131] A juicio de Ferraris, este tender puentes caracterizaría la mentalidad y estilo de Gadamer. Tender puentes en varios sentidos: (1) entre la distancia entre disciplinas, (2) entre la distancia temporal, (3) entre diversos lenguajes y (4) entre el abismo del pensamiento de Heidegger al "urbanizarlo" (quepa recordar que la idea de una "urbanización de la provincia heideggeriana" llevada a cabo por Gadamer es original del Haberma (nota 2). Habermas, J., "Urbanisierung der Heideggerschen Provinz: Laudatio auf Hans-Georg Gadamer aus Anlaß der Verleihung der Hegel-Preises der Stadt Stuttgart", 1979 in *Das Erbe Hegels*, Suhrkamp, Frankfurt am Main 1979, pp. 9–31. Ferraris, M., *Historia de la hermenéutica*, Akal, Madrid, 2000, pp. 238–239.

[132] Como es sabido el tema de la tradición es uno de los aspectos más controvertidos entre Gadamer y Habermas. Cf. Apel et al., *Hermeneutik und Ideologiekritik, op. cit.* Y pese a todo, a mi modo de ver, ante las tajantes alternativas hay que seguir manteniendo la pregunta con cierta perplejidad: ¿tradición y autoridad *versus* ilustración y razón? ¿No es precisamente el término "cultura" el que permite recuperar la tradición más humanista (en el sentido de cultivo), sin renunciar a las pretensiones críticas (en el sentido de "conocimientos que permiten a alguien desarrollar su juicio crítico")? Cf. significados del término cultura en el *Diccionario de la lengua española de la RAE*.

Surge la pregunta de si la distancia temporal siempre puede resultar tan fecunda. ¿No es cierto que la historia fácilmente desvirtúa o distorsiona los acontecimientos hasta el punto de velarlos?, ¿no pueden quedar veladas las fuentes mismas y alterados los significados originales cuando con el paso del tiempo acaban por desdibujarse y confundirse? Efectivamente, la historia muy a menudo queda velada. ¿Cómo es entonces que Gadamer considera que la distancia cultural es la llave para solucionar la tarea crítica de la hermenéutica?

A favor de Gadamer hay que decir que la tarea crítica no ha de entenderse de modo definitivo y clausurado. Pues la distancia temporal va cambiando y transformándose continuamente debido al ineludible horizonte histórico en el que ésta opera, constituyéndose como algo dinámico y susceptible de volverse a revisar con el paso del tiempo. Es interesante reparar en que la distancia en el tiempo tal y como la entiende Gadamer lejos de ser entendida como un abismo que nos separa del pasado ha de ser entendida como un puente que nos puede ayudar a entender (más y mejor).

Pero la solución gadameriana de la distancia temporal es del todo insuficiente y, a mi juicio, requiere ser complementada. En primer lugar, porque la distancia en el tiempo puede tener también un efecto encubridor con lo que lejos de comprender adecuadamente sería caldo de cultivo de nuevos malentendidos. En segundo lugar, porque poco puede aportar cuando se trata de emprender interpretaciones de hechos contemporáneos. El propio Gadamer –tal y como recuerda Jean Grondin— se dio cuenta de lo limitado del potencial crítico de la distancia temporal y en 1986 con ocasión de la quinta edición de *Verdad y método* rectificó. El texto dejó de decir "*Nada más que* [*Nichts anders als*] la distancia temporal [...]" y ahora dice "*A menudo* [*Oft*] la distancia temporal puede permitir resolver el problema crítico de la hermenéutica".[133]

Además de la "distancia histórica" de la que la hermenéutica de Gadamer se ocupa a lo largo de *Verdad y método*, yo voy a incidir en la potencialidad hermenéutica de la distancia cultural porque desde ella es posible redescubrir todo el potencial hermenéutico del entender. Es en el entramado de la

---

[133] Cf. Gadamer, *Wahrheit und Methode*, en *Gesammelte Werke 1. Hermeneutik I*, Mohr Siebeck, Tübingen 1986, p. 304. Repárese especialmente en la nota al pie 228, (la cursiva es mía). La edición de *Verdad y método* española no recoge esta modificación realizada por Gadamer.

diversidad cultural en el que la comprensión se pone a prueba, pudiendo dar lugar a malentendidos. En el contexto de la multiculturalidad, ¿cómo podemos afirmar que hemos llegado a comprender correctamente a los otros? ¿Es posible redescubrir en la hermenéutica gadameriana esos puentes del entender entre las culturas, especialmente en aquellas que culturalmente distan más entre sí? ¿Es el planteamiento de la hermenéutica filosófica gadameriana adecuado para enfocar el encuentro intercultural? Vamos a detenernos a analizar a continuación la hermenéutica gadameriana a la luz de la interculturalidad. Empezaremos por destacar algunas críticas que ha recibido su planteamiento, para posteriormente proponer una lectura de la fusión de horizontes en términos de interculturalidad.

3. ENTENDER COMO UNA APROPIADA DESAPROPIACIÓN

Si volvemos la vista a *Verdad y método* y a la luz de la tradición hermenéutica nos preguntamos qué es para Gadamer la comprensión (*Verstehen*), ello nos lleva a situarnos en el plano de la *Verständigung* (entendimiento) y de la *Anwendung* (aplicación). Pues además de alejarse de la "hermenéutica de la existencia" heideggeriana y volver a la cuestión diltheyiana en torno a las ciencias del espíritu, Gadamer pone en el centro de la comprensión el momento de la aplicación. El sentido que comprendo es siempre un sentido que puedo articular a través del lenguaje con mis propias palabras y que puedo aplicar a mi situación[134]. Pero esto plantea una serie de problemas respecto al modo como Gadamer planteó la cuestión del entendimiento en el marco de la aplicación: ¿realmente es posible concebir al mismo tiempo la comprensión como aplicación y como entendimiento?, ¿comprendo al otro sólo por el hecho de relacionarlo con mi situación y aplicarlo a esta (mi) situación? Es a esto a lo que con Jean Grondin podemos llamar la "crisis del concepto hermenéutico gadameriano del entender" y que nos dirige a la problemática del entendimiento intercultural.[135]

---

[134] Efectivamente, ahondar en la dimensión lingüística de la comprensión constituye el aspecto más singular de la hermenéutica gadameriana, lo cual está prácticamente ausente del análisis existenciario de *Sein und Zeit*.

[135] Grondin, J. "Vom Problem des Verstehens zur Herausforderung der interkulturellen Verständigung", *op. cit.*, pp. 74–75. Recuerda Grondin la acusación que Derrida plantea a la hermenéutica gadameriana y en general a la tradición hermenéutica de

Ya en *Verdad y método*, Gadamer había recalcado que no se trata de la comprensión de las subjetividades (como en Schleiermacher o Dilthey) sino del entendimiento o acuerdo (*Verständigung*) entre las subjetividades. Es esta objetividad de la comprensión que encontramos en la naturaleza objetiva del lenguaje mismo la que se realiza en el diálogo o la conversación (*Gespräch*). Y toda verdadera conversación consiste en "atender al otro, dejar valer sus puntos de vista y ponerse en su lugar, no en el sentido de que se le quiera entender como la individualidad que es, pero sí en el de que se intenta entender lo que dice"[136] (VM, 463). No se trata por lo tanto de un interrogatorio o de una interpretación psicoanalítica en las que uno ejerce un control sobre el otro, sino más bien de cierta autonomía del diálogo, en la cual la cosa (*Sache*) se afirma, de tal manera que los interlocutores del diálogo no son tanto los que dirigen el diálogo sino los dirigidos.[137]

Con todo, Gadamer en sus últimos años revisó buena parte de sus tesis destacando más la experiencia de finitud que envuelve a sus tesis centrales. Así por ejemplo, en relación con su célebre afirmación "*Sein, das verstanden werden kann, ist Sprache*" ("el ser que puede ser comprendido es lenguaje"[138]) cabe destacar que el lenguaje como casa (*Haus*) del ser, es, no obstante, con frecuencia cápsula (*Gehäuse*) en la que uno se siente estrecho. Y es esta experiencia de la deficiencia la que queda plasmada, por ejemplo, al final de su estudio de 1985 sobre los "Límites del lenguaje". Buscamos las palabras acertadas, pero a la vez reparamos en que no alcanzamos a dar con ellas.[139]

Por lo que respecta al entender para el "Gadamer tardío" ya no parecía más un "aplicar" o una apropiación del otro, sino un reconocer que el otro puede

---

alinearse en una apropiación del otro potencialmente hegemónica. Pues sobre la égida de la desconstrucción de Derrida la "buena voluntad" del entender desemboca en una apropiación (imperialista) de la alteridad: ¿entiendo acaso al otro cuando lo entiendo? ¿O bien justamente por ello lo paso de largo? Cf. Grondin, J., *Hans-Georg Gadamer. Una biografía*, op. cit., p. 428–435; Derrida, J., *Guter Wille zur Macht (I). Drei Fragen an Hans-Georg Gadamer*, en Forget, P. (ed.), *Text und Interpretation*, UTB-Fink, Múnich, 1984, p. 56 y ss.

[136] Gadamer, *Wahrheit und Methode*, cit., p. 389. Véase también *Die Natur der Sache und die Sprache der Dinge* (1960), *Gesammelte Werke 2, op. cit.*, pp. 66–76.

[137] Cf. Gadamer, *Verdad y método*, op. cit., p. 483.

[138] Gadamer, H., *Verdad y método, op. cit.*, p. 567.

[139] "Gadamer, H. G., *Grenzen der Sprache, op. cit*, p. 361.

seguir teniendo razón en contra de mí.[140] Es aquí donde surgen los límites del entender como una nueva reformulación de la apertura hacia el otro y de su hermenéutica de la finitud. Una forma de toparse con estas limitaciones es "que nunca podemos decir totalmente lo que quisiéramos decir".[141] Es esa finitud la que ahora reaparece en los términos de un "diálogo interior",[142] en el que el lenguaje siempre se queda corto. Dicho de otro modo, que la diferencia del otro como alteridad es inabarcable desde mi propio horizonte. Así vemos también nosotros una corrección y autocrítica (y no sólo un mero matiz)[143] del propio Gadamer en 1986 a propósito de la quinta edición de *Verdad y Método* en una muy elocuente nota al pie que venía a poner de manifiesto los peligros de esa "unidad de lo uno y de lo otro", pues "al apropiarse al otro en el entender se corre el peligro de ignorarlo en su alteridad".[144]

Así pues, en este nuevo modelo de entender no se trata de una apropiación o reapropiación del otro sino de dejarle ser en su diferencia, se trata más bien por tanto de una desapropiación (*Enteignung*). Estrictamente hablando, entender al otro en clave intercultural no es captarlo (*erfassen*) ni abarcarlo (*umfassen*), ni com-prenderlo (*auffassen*) ni asirlo para hacer que entre en nuestros conceptos (*begreifen, be-greifen*). Entender tiene más que ver con un tender hacia (*in-tendere*) que no busca apropiarse lo ajeno sino a lo sumo aproximarse para ver más claro y muchas veces distanciarse para ganar perspectiva. Esto es lo que cabe entender como des-apropiación y des-adueñarse del otro, como un dejarle ser en su diferencia.

A este respecto como ya vimos en el capítulo anterior encontramos enfoques como el de Ram Adhar Mall que desde la filosofía intercultural critica precisamente el excesivo peso y sobrevaloración que la propia tradición (en particular, la cultura occidental) desempeña en el entramado de

---

[140] Cf. Das Gespräch mit der *Süddeutschen Zeitung* vom 10./11. 2. 1990 (= *Information Philosophie* 1991, Heft 3, 27). Cf. también H.-G. Gadamer, *Ges. Werke*, Bd. 10, 70; *Das Erbe Europas*, Suhrkamp, Frankfurt a. M. 1989, pp. 30 y 167–168; *Über die Verborgenheit der Gesundheit*, Suhrkamp, Frankfurt a. M. 1993, p. 109.

[141] H.G. Gadamer, *Europa und die Oikumene* (1993), *Gesammelte Werke 10*, cit., p. 274.

[142] Cf. H.G. Gadamer, *Prólogo* en J. Grondin, *Introducción a la hermenéutica filosófica*, cit., p. 13.

[143] Quizá más allá de Gadamer, Grondin se decanta por ver aquí una corrección del propio Gadamer tardío. Grondin, J., "Vom Problem des Verstehens zur Herausforderung der interkulturellen Verständigung", op. cit., p. 76

[144] Gadamer, H. G., *Wahrheit und Methode, op. cit.*, p. 305, notal al pie 230.

la hermenéutica filosófica gadameriana. A juicio de Mall, la rehabilitación de los prejuicios llevada a cabo por Gadamer termina por privilegiar las preestructuras de la comprensión propias de una cultura en detrimento de otras. ¿Esa rehabilitación del prejuicio contribuye a trazar los puentes de la interculturalidad o acaba sesgando perniciosamente los enfoques? Y aquí Mall detecta en Gadamer lo que él llama una "cuasi aporía" o "dilema hermenéutico"[145], pero que a mi juicio cabría mejor llamar "paradoja", pues a pesar de todo sin una rehabilitación de los prejuicios en tanto que constituyen las preestructuras de la comprensión es imposible aproximarnos y llegar a enfocar (*aproach*) adecuadamente el asunto. A juicio de Mall, como vimos en el capítulo anterior hay en la hermenéutica filosófica de Gadamer una tendenciosidad a privilegiar unas tradiciones culturales en detrimentos de otras (en concreto la tradición occidental), adoleciendo su enfoque de la necesaria "neutralidad filosófica intercultural" que requiere todo enfoque intercultural.[146]

Para Mall la hermenéutica intercultural ha de ser "localmente sin lugar" (*orthaft ortlos*), pues se trata de ser capaz de reflexionar y distanciarse respecto al círculo hermenéutico hasta el punto de hacer como si uno estuviera "sin lugar" (*ortlos*). Y es merced a esta reflexividad como se consigue "salir del dilema hermenéutico gadameriano"[147]. Frente a Heidegger y Gadamer, Mall reivindica el método fenomenológico de Husserl con el fin de salir del círculo cultural de la hermenéutica. Incluso tras postular la necesidad de una "philosophia perennis"[148] en la que las diversas formas de vida se comprendan sobre la base de los mismos problemas y necesidades. Es esa filiación a la fenomenología husserliana la que ha de conferir "un estadio más elevado de reflexión" en la que quedan suspendidos los vínculos de pertenencia con una tradición particular. Se trata por tanto de un punto de vista "carente de contenido que hace posible la neutralidad filosófica".[149]

Por mi parte, creo que la "hermenéutica fenomenológica" que Mall propone, no deja de estar expuesta al peligro de la abstracción característico de la filosofía moderna. Pienso que esa "falta de lugar" (*Ortlosigkeit*,

---

[145] Mall, R. A., *Philosophie im Vergleich der Kulturen, op. cit.*, p. 78.
[146] Mall, R. A., *Hans-Georg Gadamer Hermeneutik interkulturell gelesen, op. cit.*, p. 79.
[147] Mall, R. A., *Philosophie im Vergleich der Kulturen, op. cit.*, p. 78.
[148] Mall, R. A., *Philosophie im Vergleich der Kulturen, op. cit.*, pp. 159–166.
[149] Mall, R. A., *Philosophie im Vergleich der Kulturen, op.cit.*, p. 88.

Standpunktlosigkeit) no sólo no es ninguna solución sino que fácilmente puede convertirse en una ficción como consecuencia de una abstracción desarraigada. Alejarse así de la facticidad del mundo de la vida para situarse en una filosofía vacía de contenido y desubicada (desde ningún lugar), termina por vaciar de contenido los significados de las prácticas de los miembros de esas culturas haciendo irrelevantes los vínculos de pertenencia en los que emerge toda comprensión cultural pero también los puentes que de hecho las gentes de culturas diversas van trazando entre sí. Por ello, a mi modo de ver, la instancia reflexiva de la filosofía trascendental no queda adecuadamente expuesta en los términos del "desde ninguna parte" sino que yo abogaría más bien por hablar de un "trascendentalismo situado".[150] Pues nuestra comprensión nunca opera en el vacío y ganar conciencia reflexiva de nuestros prejuicios nunca implica situarse en un "no lugar".

Por su parte, Gadamer ya había visto los peligros de una "hermenéutica reduccionista" que considera que entender es traducir las propias estructuras a lo que piensa el que es culturalmente diferente y que para entender correctamente se ha de prescindir de cualquier tipo de "prejuicio" entendidos como "preestructura de la comprensión".[151] Y creo que hay que recordar que el círculo del que habla la hermenéutica no es vicioso sino virtuoso, precisamente porque se puede ampliar, ensanchar e incluso transformar. Es precisamente esto lo que queda mejor expresado con la significación que Gadamer confiere a los términos "horizonte" y "fusión de horizontes", como claves para una buena comprensión intercultural.

Para abundar más en el peligro de una comprensión en términos de una "apropiación" del otro podemos acudir al célebre primer encuentro de abril de 1981 entre Gadamer y Derrida, donde el filósofo francés le criticó al autor de *Verdad y método* concebir el entender bajo los presupuestos metafísicos de la idea de la buena voluntad. Me interesa destacar que a juicio de Derrida no es la fusión o la continuidad desde el propio entender sino la ruptura lo que nos mantiene en guardia frente a la tentación de hacer del otro una imagen o representación propia. De manera que sólo deconstruyendo el entender y

---

[150] Gracia, J. *Realismo hermenéutico y trascendentalismo situado*, «Estudios Filosóficos», nº 171 (2010), pp. 299–314.

[151] Gadamer, H. G., "Hermeneutik", en J. Ritter (ed.) *Historisches Wörterbuch der Philosophie*, vol. III, Basel/Stuttgart 1974, pp. 1062–1072.

tomando la ruptura como referencia es como conseguimos que el otro sea en su diferencia.[152] El hecho de que nunca podamos alcanzar la evidencia de no entender al otro en nuestros propios términos y no en los suyos, ¿implica como sugiere Derrida que la comprensión ha de ser deconstruida, esto es, reestructurada a partir de una ruptura como clave hacia la desapropiación del otro? ¿Hemos de abandonar también la pretensión de una "fusión de horizontes" por encarnar esta los presupuestos de un entendimiento unificador y desvirtuador de la diferencia?[153]

En la línea de Derrida y Mall, otros autores como Jochen Hörisch han criticado la concepción de la fusión de horizontes de la hermenéutica gadameriana por reducir y eliminar la pluralidad de tradiciones y por preferenciar una determinada tradición en detrimento del resto por ser ésta la que establece el tono y uniformiza al resto.[154] ¿Comporta la tesis de la fusión de horizontes gadameriana algo místico y críptico que habríamos de evitar? ¿Podríamos considerarla, por el contrario, como una poderosa clave que nos dirija hacia una adecuada comprensión intercultural?

4. REPENSAR LA INTERCULTURALIDAD EN TÉRMINOS DE FUSIÓN DE HORIZONTES

Frente a la lectura que Ram Adhar Mall lleva a cabo de la hermenéutica de Gadamer, encontramos la de Charles Taylor que precisamente remarca sus virtudes como nuevo enfoque para las ciencias humanas y en concreto su pertinencia para entender adecuadamente el encuentro intercultural. En

---

[152] Es la segunda y sobre todo la tercera pregunta de Derrida a Gadamer las que inciden más en la cuestión de "comprender al otro" y "entenderse con el otro. Derrida, J., *Guter Wille zur Macht. Drei Fragen an Hans-Georg Gadamer, op. cit.*, p. 58. Más de treinta años después, al poco de morir Hans-Georg Gadamer, Jaques Derrida retomaría el asunto del "diálogo truncado", esta vez en los términos del desencuentro de una muerte (en concreto, la muerte de un amigo, a propósito de la desaparición de Gadamer). Cf. Derrida, J. *Der ununterbrochene Dialog: zwischen zwei Unendlichkeiten, das Gedicht*, en Derrida, J. y Gadamer, H. G. *Der ununterbrochene Dialog*, Suhrkamp, Frankfurt/ Main 2004. Este tema y la intraducibilidad de la obra poética, exceden sin embargo nuestro planteamiento de una hermenéutica intercultural.

[153] Mall, R. A., *Hans-Georg Gadamers Hermeneutik interkulturell gelesen, op. cit.*, p. 102.

[154] Hörisch, J., *Die Wut des Verstehens. Zur Kritik der Hermeneutik*, Suhrkamp, Frankfurt 1988, p. 71.

este sentido, a juicio de Taylor, la hermenéutica de Gadamer constituye una propuesta adecuada para responder al desafío de entender al otro. Por lo que a Taylor respecta, este otro de la hermenéutica adquiere una significación genuinamente cultural, pues la finitud humana al igual que marcada indeleblemente por el lenguaje también está transida por el lugar fundamental que la cultura ocupa en la vida humana y en todo acto de entender. [155]

Uno de los aspectos determinantes del enfoque gadameriano es haber destacado que todo entender depende de ambas partes, tanto del sujeto que estudia como del sujeto o los sujetos estudiados. Por ello, a diferencia del modelo unilateral de la ciencia natural, el entender al otro de la hermenéutica se debate ante el desafío de que no podemos suspender completamente todo el horizonte desde el que llegamos a entender, pues él constituye ese trasfondo de lo que significa ser humano y pretender eliminarlo dejaría nuestra comprensión suspendida en el vacío. Pero eso no significa que estemos abocados al etnocentrismo, como parece extraer Mall de la crítica de Derrida a Gadamer. Al contrario, el camino para entender a los otros pasa por una paciente identificación y liberación de esos aspectos de nuestra comprensión implícita que distorsionan la realidad del otro. Y llegamos al punto crucial, donde la lectura de Taylor y la de Derrida divergen, a saber, que es posible dejarles ser a los otros en su diferencia sin una ruptura o salida de nuestra comprensión, sino a través de una identificación adecuada de aquellos prejuicios que impida que los proyectemos sobre los otros. No sólo no hemos de romper o salir de nuestra propia comprensión ni tampoco llevar a cabo una "superación de toda mediación" (*Aufhebung aller Vermittlung*) como señala Derrida, sino que hemos de adentrarnos en ella con más precisión, generando el contraste (*Abhebung*), esto es, alcanzando una comprensión en relieve[156]. Pues sólo si somos capaces de reconocer nuestra propia peculiaridad como un rasgo nuestro y no como una característica definitoria necesaria de la condición humana, entenderemos ese rasgo particular de su forma de vida de modo no distorsionado. Para desencasillar (des-prejuiciar) a los miembros de otras culturas hay que poner en cuestión (dejarse cuestionar en) algún significado de nuestra forma de vida cultural. Y esto conduce a

---

[155] Taylor, Ch., "Gadamer on the Human Sciences", en Dostal, R. J. (ed.), *The Cambridge companion to Gadamer*, Cambridge University Press, Cambridge 2002, p. 129.
[156] Gadamer, H. G., *Verdad y método*, op. cit., p. 376.

una transformación de la propia autocomprensión, pues todo entender al otro es un entender*se* en el sentido de poner en cuestión la comprensión de uno mismo[157]. Es así como hay que entender la afirmación de Taylor, "un auténtico encuentro siempre comporta un coste de identidad"[158]. Volveremos sobre esto en el próximo capítulo.

Pero para seguir con las divergencias respecto a la lectura de Derrida, la "fusión de horizontes" gadameriana es para Taylor una expresión acertada para referirse al puente que se establece al generar contrastivamente ese lenguaje comparativo entre culturas. Y lo es, en primer lugar, porque no se trata únicamente de permanecer en un horizonte cultural más o menos ampliado, sino de que tenga lugar un auténtico encuentro entre ambas culturas. Lo cual implica que hemos alcanzado una perspectiva que es capaz de enfocar adecuadamente las diferencias entre ambos. Es decir, es posible dar cuenta de cómo son las cosas para unos y otros. No ya de explicar cómo vemos nosotros las prácticas o creencias de los miembros de otras culturas o de cómo los miembros de otras culturas ven nuestras prácticas, sino de un lenguaje que consiga explicar contrastivamente ambas. Con ello vemos que la fusión no implica anulación o igualación. Una vez más la fusión no es confusión (!), sino que hace emerger un nuevo relieve (*Abhebung*) en nuestra comprensión. En esto radica precisamente la relevancia del contraste.[159]

Pero quizá de forma más significativa, el concepto de "horizonte" marca una diferencia sustantiva respecto al modelo moderno de representación. Los horizontes de los que habla la hermenéutica no son representaciones internas o esquemas conceptuales del mundo que nos hacemos y retenemos en nuestra mente con independencia de los agentes que buscamos comprender. Son los propios agentes implicados en ese horizonte los que intervienen y el horizonte varía en función de la comprensión que de sí mismos éstos van adquiriendo. Pero al hablar de horizonte tampoco soslayamos las dificultades que entraña entender lo diferente, existiendo la posibilidad de experimentar

---

[157]   Gadamer, H. G., *Verdad y método, op. cit.* p. 326.
[158]   Charles Taylor, *Gadamer on the human sciences, op. cit.*, p. 141.
[159]   He abundado sobre esta cuestión en Javier Gracia, *Antropología filosófica en Charles Taylor*, Editorial Académica Española, Saarbrücken 2011, p. 241–251.

la incomprensión[160]. Hace un flaco favor a la hermenéutica ignorar los límites e incluso barreras para llegar a un entendimiento.[161]

El horizonte presenta ciertos límites, pero al mismo tiempo éstos pueden modificarse y ampliarse.[162] Y esto es precisamente lo que se consigue con la fusión de horizontes, a saber, un lenguaje más rico surgido a partir del encuentro que es capaz de articular la diferencia a partir del contraste. Ya no se trataría por lo tanto de mi lenguaje o el suyo sino de un "lenguaje de contrastes perspicaces".[163] Pues hay que remarcar que el concepto de contraste es eminentemente inclusivo. Pero inclusivo no quiere decir uniformizador o convergente. Más bien el contraste es lo que permite salvaguardar las diferencias demarcando lo peculiar de cada posición.[164]

5. LA FECUNDIDAD HERMENÉUTICA DE LA DISTANCIA CULTURAL: LA INTERCULTURALIDAD (INTER-CULTURALIDAD)

Retomando el tema central de este capítulo, la distancia cultural hermenéuticamente planteada como interculturalidad permite tanto por una parte entroncar con el enfoque gadameriano como por otra, tal y como vimos en el capítulo anterior, superar algunas de sus limitaciones críticas referidas al campo paradigmático de la historia. Lo primero que cabe destacar es que la propia cultura sólo descubre todo su potencial en diálogo con otras culturas.

---

[160] Este es el principal cargo que Taylor levanta contra el principio de caridad de Donald Davidson. Charles Taylor, "Gadamer on the human sciences", p. 137. Lo ha reformulado más recientemente en el capítulo 6 "Fusión de horizontes" de su obra conjunta con Hubert Dreyfus, *Recuperar el realismo*, op. cit.

[161] Cabría preguntarse con Manfred Frank si tras de este deseo y voluntad de unidad se esconde la voluntad hacia la unidad de la metafísica tradicional. Cf. Frank, M. *Die Grenzen der Verständigung*, Frankfurt/Main, Suhrkamp 1988.

[162] Taylor, Ch., "Gadamer on the human sciences", *op. cit.*, p. 138.

[163] Taylor, Ch., *Philosophical Papers II, op. cit.*, p. 125

[164] Este es el principal malentendido de David Couzens Hoy sobre el lenguaje de contrastes perspicaz de Taylor. Cf. Couzen, D. "Is hermeneutic Ethnocentric?", en Hiley, D. R. (ed.) *The interpretative Turn, Philosophy, Science, Culture*, Cornell University Press, Ithaca 1991; Couzens, D. *Significant Others: Objectivity and Ethnocentrism*, en Wolfgang Natter, T. Schatzki y J.P. Jones (ed), *Objectivity and its Other*, Guilford Press, New York/London 1996.

Pues uno no toma plena consciencia de sus propias costumbres y formas de vida hasta que no entra en contacto con otras culturas diferentes a la suya. Esta constituye la insoslayable ganancia intercultural de la diversidad puesta en (inter-)acción. Precisamente el entender (en-tender) hermenéutico es la expresión de esta tensión. Y la tensión es precisamente la superación del aislamiento, en el que se sumerge el relativismo incorregible, para tender puentes de encuentro hacia lo diferente. Pero la tensión en la que está nuestro entendimiento intercultural no ha de confundirse con una asimilación etnocentrista.[165] Y no puede confundirse porque, por una parte, en este entendimiento intercultural está entrañado como un momento crucial e insoslayable el de la apertura a otras culturas a partir del cuestionamiento de las propias prácticas y de la propia identidad. Pero también y no menos importante porque habría que plantearse si no hay en el fondo de esta anulación del comprender mejor del relativismo incorregible una actitud condescendiente y miope a las diferencias.

Efectivamente, en primer lugar, la fecundidad hermenéutica de la distancia cultural queda de manifiesto cuando a pesar de las diferencias (o precisamente por ellas) el intérprete no adopta una actitud condescendiente hacia los otros que termina anulando la dimensión crítica, sino que se aventura a adentrarse en el horizonte de aquellos sin renunciar completamente al propio. Eso quiere decir que entender a los otros correctamente no implica entenderlos como no equivocados. Este es el error en el que incurre tanto por una parte el principio de caridad de Donald Davidson[166], como por otra, el relativismo incorregible de Peter Winch[167] y que la hermenéutica intercultural en virtud de la distancia cultural ha de superar. La fecundidad de la interculturalidad queda de manifiesto cuando a pesar de la inconmensurabilidad (o

[165] ¿Realmente contribuye a superar el etnocentrismo eliminar la dimensión crítica y desatender las pretensiones de una mejor comprensión a partir de un lenguaje de contrastes perspicaces? Al igual que Thomas McCarthy no veo por qué habría que anular o dejar fuera la dimensión crítica e idea de verdad para que nuestra comprensión no incurra en el etnocentrismo, Cf. Couzens, D. y McCarthy, T, *Critical Theory*, Blackwell, Oxford 1994, pp. 230–237.
[166] Taylor, Ch., "Gadamer on the human sciences", *op. cit.* pp. 137 ss.
[167] Taylor, Ch., "Rationality", en Hollis, M. y Lukes, S. (ed.) *Rationality and Relativism*, Blackwell, Oxford 1982, p. 324; Javier Gracia, *Ética y política en Charles Taylor. Claves para una sociedad intercultural*, Editorial Académica Española, Saarbrücken 2011, pp. 162–166.

precisamente hermenéuticamente en virtud de ella) nuestro razonamiento práctico no queda paralizado.[168]

En segundo lugar, el puente de la interculturalidad implicaría este cuestionamiento de las propias creencias y prácticas culturales sin incurrir en la ficción de que podemos deshacernos completamente de ellas. Más bien, es interaccionando con otras culturas como se consiguen delimitar mejor los contornos de la propia cultura para de este modo identificar aquellos aspectos deficientes y superarlos. Por aspectos deficientes me refiero a todo tipo de malentendidos no sólo de tipo conceptual sino también y sobre todo moral. Lo importante es destacar que el carácter regulativo del entendimiento crítico intercultural no opera a expensas de la cultura, sino precisamente *desde* las culturas. Así vemos que en la interculturalidad las costumbres, las formas específicas de vida y las creencias culturales quedan en parte suspendidas, teniendo lugar el "desencapsulamiento" y agudizándose el juicio crítico y discursivo en el ser humano. Todo intento por superar el ostracismo y el encapsulamiento entre las personas, es un ejercicio de crítica intercultural, esto es, de trazar puentes capaces de reconocer tanto la diversidad como aquello que humanamente nos une. El peligro está en realizar una identificación demasiado rápida y con ligereza de la significación de determinadas prácticas en nuestros propios términos y proyectar sobre ellos nuestra concepción identitaria de ser humano. Es aquí donde se corre el riesgo de juicios etnocéntricos. Pues "ellos [los miembros de la otra cultura] nos presentan modos diferentes y a menudo también desconcertantes de ser humano. El desafío es ser capaz de reconocer la humanidad de su modo de ser, mientras aún somos capaces de vivir el nuestro".[169]

Con ello llegamos a un importante aspecto sobre el que quiero llamar la atención a propósito de la ganancia que supone considerar hermenéuticamente la interculturalidad. Como hemos sostenido a lo largo de este capítulo merced a la distancia cultural en la que nos sitúa la interculturalidad somos capaces de tomar perspectiva respecto de ciertas prácticas culturales (tanto propias como ajenas). Precisamente el lenguaje de contrastes perspicaces

---

[168] Cf. Gracia, J. "¿Es posible una crítica sin criterios (preestablecidos)? Hacia un modelo de razonamiento intercultural", *Daímon. Revista internacional de filosofía*, suplemento 4 (2011), pp. 159–170.

[169] Taylor, J., "Gadamer on the human sciences", *op. cit.*, p. 142.

permitiría hacer las diferencias articulables, dejando de ser barreras infran-
queables. Y es importante remarcar una vez más que este distanciamiento
no es un ejercicio reflexivo que vacíe de contenido el punto de vista intercultural (como en la *orhatfte Ortlosigkeit* de Mall), sino que consiste en incluir
contrastivamente los rasgos diferentes de unas culturas y otras.

El punto de vista intercultural, por una parte, toma distancia de la propia
cultura al ser vista ésta desde la otra cultura; pero, a su vez, constituye una
sustantiva aproximación y acercamiento hacia la significación de las otras
formas de vida. No para aceptarlas sin más, como se derivaría del relativismo,
sino para ver más claro en virtud del contraste. Por eso toda distancia cultural
implica un acercamiento a otra cultura (y viceversa). El (adecuado) enfoque
(*approach*) no puede de modo unilateral consistir en un distanciamiento
reflexivo que nos aleje del mundo de la vida rompiendo el sustrato vital
desde el que pensamos y entendemos, sino que el cuestionamiento de todas
nuestras prácticas ha de implicar un acercamiento (*approcher*)[170] a las otras
prácticas culturales. De otra forma corremos el peligro de suspendernos en
el vacío de una filosofía alejada del entramado cultural de la vida humana. La
aproximación hacia lo humano en toda su diversidad cultural implica—como
hemos visto y el propio Gadamer de los últimos tiempos reconoció—una
desapropiación de sí. De manera que para aproximarse a gentes de otras
culturas hemos de tomar distancia cultural de nuestras propias prácticas y
cuestionarlas. Pero aproximarse a ella no lleva a renunciar a nuestra cultura
o aceptar sin más sus significaciones y las implicaciones morales que puedan
tener. La aproximación es un trazar puentes y en ningún caso renunciar a la
recíproca crítica intercultural.

Ya por último apuntar en la línea de lo expuesto en el capítulo anterior que precisamente merced a este ir delimitando los contornos propios y

---

[170] No deja de ser una observación interesante remarcar que el origen de la palabra inglesa
"approach" (enfoque) viene del francés "approacher" (acercarse, aproximarse), la cual
a su vez proviene del latín "propiare" (acercar) y ésta de "propius" (propio). En otro
contexto he destacado que esta etimología tiene una interesante aplicación al caso
del Québec dentro de Canadá, que como es sabido sufre la presión homogeneizadora de la cultura anglosajona. ¿En qué medida puede contribuir aproximarse a la
sociedad diferente del Quebec para superar la miopía del carácter homogeneizador
y atomista anglófono? Taylor, Ch., *Rapprocher les solitudes : écrits sur le féderalisme et
le nationalisme au Canada*, Les Presses de l'Université Laval, 1992.

particulares de cada cultura a través del contraste intercultural, lo que emerge con relevancia es lo propiamente cultural. Me refiero ahora a la significación originaria de cultura, aquella que la resitúa como "cultura animi" como formación del ser humano. En este sentido la interculturalidad contribuye a la relatividad constitutiva originaria de toda cultura. Y dicha relatividad (que no relativismo) lo es respecto al ser humano. Se trata, por lo tanto, de tomar distancia de la cultura como resultado y volver a la cultura como proceso formador del ser humano, en el marco de la bella y lúcida expresión ciceroniana. Es un ejercicio de poner de relevancia el genitivo "animi", que es el alma, la mente y en definitiva, el ser humano; un ejercicio de desabsolutizar la cultura y reconducirla siempre al sustrato humano que le da su origen y razón de ser.

El Encuentro Intercultural en la Hermenéutica de Charles Taylor[171]

La tesis principal de la hermenéutica de Charles Taylor en el caso del encuentro intercultural es que debemos recurrir a la comprensión de nuestra propia cultura para hacer inteligibles a los otros.[172] Esta comprensión tiene la característica de que está profundamente entretejida con nuestras vidas y es la que empleamos a la hora de relacionarnos con la gente cada día. La comprensión actúa primordialmente de modo intersubjetivo y las cosas tienen un significado para nosotros en la medida en que dan cuenta del horizonte en el que nos movemos y actuamos. Gracias a este horizonte las cosas pueden tener sentido para nosotros.

Según lo visto en los capítulos precedentes acerca de la aquilatada historia que el término horizonte tiene para la hermenéutica, conviene destacar que Taylor asocia dicho término en Gadamer con lo que él nombra en *Fuentes del yo* como "marco de referencia" (*framework*) o "trasfondo" (*background*). A nuestro juicio, el significado que los términos "trasfondo" o "marco de referencia" tienen en Taylor están muy próximo al que le da Gadamer, quien habla de

---

[171] Una primera versión de este texto fue presentada y defendida en el VII Congreso Internacional de Fenomelogía "Interculturalidad y conflicto", celebrado del 28 al 30 de abril de 2004 en la Universidad de Salamanca. Posteriormente fue publicada en el número 64 de la revista *Diálogo Filosófico* en 2006.

[172] En varios lugares defiende Taylor esta tesis: "Interpretación y las ciencias del hombre", *La libertad de los modernos, op. cit.*, p. 24; "Comprensión y etnocentrismo", *op. cit.*, p. 200; "Comparación, historia y verdad", *Argumentos Filosóficos*, Paidós, Barcelona, 1997, p. 202; "Gadamer on Human Sciences", Robert J. Dostal (ed.), *The Cambridge companion to Gadamer*, Cambridge, Cambridge University, 2002, Press, p. 133.

"horizonte móvil" y "ganar un horizonte" en el contexto de la conciencia de la historia efectual: "un horizonte no es una frontera rígida, sino algo que se desplaza con uno y que invita a seguir entrando en él". De este modo se refiere a la comprensión como el "arte de aprender a desplazarse a horizontes ajenos".[173]

Lo que me propongo desarrollar en este capítulo es que el encuentro con otra cultura, cuando realmente tiene lugar nos permite una mejor comprensión de los otros y de nosotros mismos. De manera que el *conocimiento* de los otros nos lleva a *reconocernos* a nosotros mismos más adecuadamente. De este modo, citando a Taylor, "podemos comenzar con la asunción de que al comprender otra sociedad, nosotros podemos aprender algo más de nosotros mismos".[174] Así pues, si guiados por el ideal genuinamente filosófico de claridad, tomamos como principio de nuestra hermenéutica esforzarnos por dar con la mejor razón o articulación posible [*best account*] –y este es el caso de Taylor[175]—, podemos considerar el encuentro intercultural como un momento irrenunciable de nuestra comprensión y a nuestra hermenéutica como genuinamente intercultural.

Voy a pasar a continuación a explicar muy brevemente las condiciones que ha de tener la hermenéutica que andamos buscando, tal y como Taylor las enuncia en su temprano ensayo de 1971 "Interpretación y las ciencias del hombre".[176] Me interesa por el momento presentar muy esquemáticamente

---

[173] Gadamer, H.-G., *Verdad y método, op. cit.*, pp. 374–375. Es en este sentido en el que Taylor alude en numerosas ocasiones al conocido concepto gadameriano "fusión de horizontes". Una de las últimas veces la encontramos en el capítulo 6 de *Recuperar el realismo, op. cit.*, pp. 155–170. Con todo, como indica Gadamer (Gadamer 1999: 309–311; 373) la historia de este concepto se remonta a Husserl y Nietzsche y en cierto sentido él lo toma de Husserl, de quien explica que habría sufrido una evolución en su pensamiento: de "la intencionalidad horizóntica" de la vida de la conciencia al "mundo de la vida". El significado del concepto se complica aún más, cuando vemos que el propio Husserl lo relaciona con el concepto "fringes" (márgenes, bordes) de W. James (*Husserliana* VI, 267).

[174] Taylor, Ch., "Understanding and Explanation in the *Geisteswissenschaften*", en Steven H. Holtzmann and Christopher M. Leich, (eds), *Wittgenstein: To Follow a Rule*, Routledge and Kegan Paul, London, 1981, p. 205.

[175] Así lo formula en *Fuentes del Yo*: "Lo que nos proponemos explicar es gente que vive sus vidas; los términos en los que no pueden evitar vivirlas no pueden eliminarse del *explanandum*, a menos que propongamos otros términos en los que puedan vivirlas más clarividentemente". Taylor, Ch., *Fuentes del yo, op. cit.*, p. 74.

[176] Taylor, Ch., "Interpretación y las ciencias del hombre", *op. cit.*, Amorrortu, Buenos aires, 2005, pp. 151–160.

dichas condiciones con vistas a ir profundizando en ellas a la vez que reconsiderándolas a medida que vayamos avanzando a lo largo de la exposición.

1. CONDICIONES DE LA HERMENÉUTICA FILOSÓFICA EN CHARLES TAYLOR

La primera condición para hacer inteligible una práctica es el *sentido* o *coherencia* que ésta ha de tener. La práctica ha de significar algo para el sujeto agente. No se trata de que sea perfectamente racional o de que tenga un significado unívoco. Bien es cierto que un comportamiento contradictorio puede significar algo bien conocido como, por ejemplo, una lucha interior. Según esto, comprender es siempre dar sentido a algo. En efecto, nuestro afán por comprender nos lleva a buscar el sentido de las cosas.

La segunda condición apunta a la necesidad de un *horizonte* o *trasfondo de significado compartido*. Nuestra comprensión se mueve siempre sobre la urdimbre de un significado común gestado en nuestras relaciones intersubjetivas. De este modo el significado no se establece de modo arbitrario o trascendiendo nuestra visión de las cosas y la interacción con el mundo, pues no es posible dejar a un lado nuestras "evaluaciones fuertes" (*strong evaluations*).[177] Por el contrario, el significado está entretejido con nuestra experiencia, según el contexto de la vida, en el que nos movemos y valoramos. En este sentido hablamos de "significado experiencial".[178]

La tercera y última condición que menciona Taylor es la *separación entre la acción y su significado*. La separación consiste en que una misma acción o modo de comportarse es susceptible de distintos significados. En base a esta distinción

---

[177] Las evaluaciones fuertes se establecen sobre la base de la adhesión a un bien, que conforman la personalidad del sujeto y que en función de contrastes cualitativos permite descubrir algo como más digno o valioso. Diferenciándolas de las evaluaciones débiles, Taylor se aleja de una ética de móviles para defender una ética de bienes o de fines. Cf. Taylor, Ch. "What is human Agency", *Human Agency and Language. Philosophical Papers 1*, Cambridge, Cambridge University Press. pp. 15–44.

[178] Taylor se refiere en varias ocasiones a la expresión significado experiencial para diferenciarlo del significado lingüístico. Así afirma que "el significado está vinculado con el nivel y tipo de cultura que se torna inseparable de las distinciones y categorías marcadas por el lenguaje que las gentes hablan". Taylor, Ch., "Interpretación y las ciencias del hombre", *op. cit.*, p. 153. Nosotros, más adelante y en relación con Hegel, explicaremos algunos rasgos que caracterizan la experiencia hermenéutica.

es posible dar razón del fenómeno de la polisemia. Pero a su vez, como vamos a defender basándonos en la propuesta de Taylor nos permite hablar de una comprensión más correcta entre dos posibles y da entrada al principio hermenéutico de dar la mejor razón o articulación posible. Lo que interesa no perder de vista es que esta mejora en la comprensión no opera allende un horizonte determinado, sino que precisamente se hace posible gracias a éste.

En este capítulo me propongo mostrar cómo los mayores avances en favor de este principio tienen lugar en el encuentro intercultural donde el horizonte comprensivo se amplía originalmente. Por ello, pese a que yo las he presentado separadamente, las condiciones de la comprensión intervienen de modo conjunto a una, no siendo posible hablar de una comprensión más correcta si ésta no conlleva un significado para un sujeto dentro de un horizonte.

Este principio dinamizador de la hermenéutica que vamos a esbozar ha de vérselas principalmente con dos posibles escollos que distorsionan la comprensión del otro: el etnocentrismo y el relativismo. A lo largo de la exposición iré denunciando ambas tendencias con el fin de superar los reduccionismos distorsionadores de sus planteamientos.

2. EL TRASFONDO DE SIGNIFICADO COMPARTIDO

Ahondando en la segunda condición podemos decir que nuestra comprensión se mueve necesariamente en un horizonte. Este es condición para que podamos entender una práctica humana en cierto sentido. El horizonte permite, en definitiva, comprender la condición humana de una determinada manera. No voy a detenerme ahora en la crítica de Taylor al planteamiento naturalista que pretende alcanzar un punto de vista desvinculado, "desde ninguna parte", mediante cánones de explicación al modo de las ciencias naturales. Únicamente voy a referirme al segundo de los tres reduccionismos naturalistas que explica en *Fuentes del yo*, el que consiste en hacer de mis evaluaciones fuertes meras opiniones, porque explica la necesidad de marcos de referencia y alerta de un posible peligro: el etnocentrismo.[179]

---

[179] En 2.1. Taylor desarrolla y argumenta a favor de la necesidad de las condiciones trascendentales de la comprensión y critica la ilusión absolutista de la ciencia que pretende dar cuenta de la acción humana. En 1.1 había argumentado en contra del

Los marcos de referencia son las *condiciones trascendentales de nuestra comprensión*. Hasta tal punto que "el etnocentrismo es una consecuencia del derrumbe de la distinción entre las condiciones trascendentales y el contenido efectivo [actual] de la cultura, porque contribuye a que parezca que 'realmente' somos individuos separados y, por ende, ésa es la manera correcta de ser".[180]

Esta cita señala, al menos, dos aspectos: el primero, que existen condiciones trascendentales de la comprensión como son la cultura en la que vivimos, los bienes a los que nos adherimos y una comunidad en la que intercambiar un lenguaje. En respuesta a Olafson, Charles Taylor insiste en que su uso de trascendental atiende a un paralelismo del argumento usado por Kant con la salvedad de que la realidad inicial de la que parte el argumento no son los juicios sobre la realidad objetiva, sino que los seres humanos tienen identidades. Considerado esto es necesario presuponer la existencia de evaluaciones fuertes u horizontes que doten de sentido la vida del hombre.[181]

El segundo aspecto que podemos destacar incide en que negar el componente cultural (efectivo) de nuestra comprensión y pensarnos como el punto de vista único, conduce al etnocentrismo. Solo teniendo en cuenta el salto injustificado de lo trascendental a lo efectivo del proceder naturalista, podremos precavernos del peligro etnocéntrico.

---

reduccionismo biologicista de hacer de nuestras reacciones morales algo meramente visceral. En la "ética de la inarticulación", explicará en qué consiste la tercera ilusión naturalista, a saber, la existencia de un universo moral encogido. Cf. Taylor, Ch., *Fuentes del yo, op. cit.*, pp. 17–22; 41–48.

[100] Taylor, Ch., "La validez de los argumentos trascendentales", *Argumentos filosóficos, op. cit.*, p. 57. Una argumentación muy similar y más recientemente formulada puede encontrarse en el capítulo 2 de *Recuperar el realismo*, op. cit. p. 66 y ss.

[181] Taylor, Ch., "Charles Taylor replies", en Tully, J. (ed.), *Philosophy in an age of Pluralism. The philosophy of Charles Taylor in Question*, Cambridge University Press, Cambridge, 1994, p. 209. De este modo Taylor se desmarca de la tradición kantiana y explica que su uso de trascendental es deudor del concepto "agente incorporado" de Merleau-Ponty. James Bohman, por su parte, opta por englobarlo, no sin reservas y de modo muy matizado, dentro del grupo más moderado de los "holistas fuertes" ("strong holist"), distinguiéndolo del "trascendentalismo débil y del pragmatismo universalista habermasiano. Cf. Bohman, J. *New Philosophy of social science*, Blackwell, Oxford, 1991, pp. 113 y ss.. Por mi parte, no estoy seguro de que este calificativo precise suficientemente la posición de Taylor y me pregunto si la expresión que más adecuadamente expresa su posición es la de "trascendentalismo situado".

Al final del capítulo 1 de *Fuentes del yo*: "Marcos referenciales ineludibles", Taylor denuncia el sinsentido de nuestra época, aludiendo al pasaje donde Nietzsche emplea el concepto de horizonte. Pero más extensamente en el capítulo siguiente: "el yo en el espacio moral", pone el énfasis en las condiciones trascendentales de nuestro lenguaje. Así, al igual que un lenguaje sólo existe en una comunidad lingüística con determinados significados para ellos, el yo jamás se define sin la referencia a quienes le rodean y con relación a unos bienes. El peligro naturalista consiste en concebir el punto de vista desde el cual evalúa la otra cultura como el absoluto[182].

La comprensión de los otros, volviendo al tema que nos ocupa, no puede operar sin la orientación al bien al que nos adherimos. De modo que al comprender ya estamos realizando evaluaciones en sentido fuerte. Así, a diferencia del modelo de las ciencias naturales, el nuestro depende no sólo de los sujetos estudiados, sino también del sujeto que estudia[183]. El éxito de nuestra empresa dependerá muy especialmente de la necesidad de considerar siempre ambos lados.

Pero ahora, una vez asumida la relatividad de nuestra comprensión en base a un trasfondo compartido de significado, tenemos que hacer frente al siguiente interrogante: ¿nos bloquea nuestro propio significado tácito de la condición humana para comprender a los otros? Lo que me propongo explicar a continuación es que no; que la clave de nuestra comprensión intercultural consistirá en dejarles ser en la diferencia.

---

[182] Lo que caracteriza, a juicio de Taylor, la ciencia natural moderna es el establecimiento del edificio de conocimiento a partir del requisito de un punto de vista "desde ninguna parte". El valor es el componente humano que no puede estar incluido, si queremos construir una ciencia universal y válida. Por ello el requisito de absoluto nos lleva a la paradójica consecuencia de concebir el universo con independencia de cómo son las cosas para nosotros. Cf. Dreyfus, H. y Taylor, Ch., *Recuperar el realismo, op. cit.*

[183] La bilateralidad (yo comprendo algo a la vez que ese alguien también me comprende a mí), la variación de nuestro estudio no sólo por lo estudiado sino también por quién lo estudia y, por último, la relación con lo estudiado que puede llevarnos a redefinir nuestras metas, son las características con las que Taylor demarca las ciencias humanas de las ciencias naturales en "Gadamer on the Human Sciences". Más abajo nos referiremos a una importante objeción que ha de poner en guardia nuestra hermenéutica de la unilateralidad y de este modo dejarnos interpelar por nuestro interlocutor.

3. DEJARLES SER EN LA DIFERENCIA

En su artículo "Comparación, historia y verdad" encontramos la siguiente afirmación: "la comprensión del otro cambia la autocomprensión y, en particular, nos obliga a debilitar algunos de los contornos más fijos de nuestra antigua cultura"[184]. Así pues, el reto fundamental para comprender al otro es que seamos capaces de relativizar algunas características de nuestra propia autocomprensión. En efecto, según la necesidad de un trasfondo de significado compartido, siempre comprendemos limitadamente. Con todo, ¿por qué habríamos de aceptar, en principio y, más aún, por principio, que esta limitación es irrebasable?, ¿qué nos conduce a pensar este horizonte de forma exclusiva –es decir, siendo sólo para nosotros— y excluyente de los otros?

En contra del relativismo al que nos conduce este planteamiento, Taylor sostiene que: "lo que emerge en nuestro modelo es que la comprensión del otro es siempre en cierto sentido comparativa, hacemos inteligible al otro a través de nuestra propia comprensión de lo humano, que siempre desempeña un papel y nunca puede simplemente quedar fuera de juego"[185]. No sólo relativismo, sino que Taylor se demarca igualmente del peligro naturalista que, como vimos, pretendía una ciencia "absoluta", "desde ninguna parte". El peligro radica en que cuánto más pensamos que hemos neutralizado nuestra visión del mundo, más funciona inconscientemente y más poderosamente con efectos etnocéntricos.

Una vez desechado el planteamiento naturalista y asumida nuestra comprensión de lo humano y de la sociedad, la dificultad siguiente consiste en *comprender a los otros correctamente*. El ejercicio comparativo entre nuestra comprensión y el significado de sus prácticas se encuentra ante un reto importante de no asimilarlos sin más en nuestros esquemas conceptuales con el significado que las cosas tienen para nosotros[186]. En efecto, el reto que se nos presenta consiste en esforzarnos por no encasillarlos conforme a

---

[184] Taylor, Ch. "Comparación, historia y verdad", *Argumentos filosóficos, op. cit.*, p. 203.
[185] Ibíd.
[186] Refiriéndose a los ritos de la tribu Azande que Peter Winch estudia en "Comprender una sociedad primitiva". Cf. Winch, P. *Comprender una sociedad primitiva*. Paidós, Barcelona, 1994. Taylor afirma que "nuestras identificaciones provisionales, desde luego, sólo hacen sino situar sus acciones y estados en relación con nuestra tradición religiosa, o las que nos son familiares. Si nos aferramos a ellas, podemos caer en lecturas etnocéntricas". Taylor, Ch., "Comprensión y etnocentrismo", *op. cit.*, p. 205.

nuestros propios parámetros y con una buena dosis de *precaución, perplejidad* y *perspicacia* detenernos a ver de qué modo su práctica se torna más inteligible para ellos. No para nosotros, sino para ellos, los agentes. Así, lo que en un principio colocamos, pongamos por caso, como una práctica religiosa tal y como la entendemos en nuestras sociedades occidentales, relegada a una esfera privada de opción personal, descubrimos que para los agentes de esa cultura adquiere otro sentido radicalmente distinto e ininteligible en nuestros términos. Al penetrar más a fondo en el significado experiencial, descubrimos que aquella práctica sorprendentemente armoniza con el resto de la vida del sujeto y quizá también con su entorno. De algún modo no existe un "corte" en su vida.

En un revelador pasaje, Taylor afirma que "sólo liberamos a los otros y los 'dejamos ser' cuando podemos identificar y articular un contraste entre su comprensión y la nuestra, dejando así de interpretarlos simplemente a través de nuestra propia comprensión [*home understanding*] y les permitimos situarse más fuera de ella a su manera"[187]. De modo original el *contraste* permite ensanchar nuestra comprensión acerca de la realidad del otro. Sólo cuando identifiquemos un contraste entre su comprensión y la nuestra los "dejamos ser" (tal y como ellos son). Nos vamos a detener a explicar de qué modo el contraste es crucial para nuestra empresa hermenéutica.

4. EL CONTRASTE: UN SALIENTE (*ABHEBUNG*) EN NUESTRO ENTENDER

El contraste (en nuestro ejemplo la diferencia del significado de la práctica religiosa) es el resultado de haber tomado en serio los propios términos de los agentes. Contra el peligro asimilacionista del etnocentrismo, el principio de dar la mejor razón o explicación posible establece que no podemos renunciar a los términos de cómo las personas viven sus vidas. Es decir, tenemos que *tomar en serio los términos que expresan las auto-interpretaciones de los agentes* de dicha cultura. Por ello este principio, como dijimos, es el eje vertebrador de la hermenéutica intercultural que estamos esbozando. Éste ha de ser el primer paso, porque "tomar en serio" no se hace sin el esfuerzo por ser más fieles a la lectura que los propios agentes tienen de sus acciones. De este modo,

---

[187] Taylor, Ch., "Comparación, historia y verdad", *op. cit.*, p. 203.

el significado que demos a la práctica extranjera, por comparación con las nuestras, tendrá que ser sometido a revisión según el sentido que éstas tienen para sus propios agentes. Nos encontramos en un estado de suspensión de la certeza de nuestra previa comprensión. Este constituye el primer momento regulador con vistas a una comprensión compartida.

El propósito intercultural de nuestra hermenéutica conlleva, no obstante, una doble regulación de la comprensión. De modo que asumir completamente, en todos los aspectos, por principio, el lenguaje extranjero, es igualmente falaz. Detengámonos a considerar una posible objeción que puede surgir en el intento de querer hacer siempre lo más inteligiblemente posible la práctica extranjera.

La *objeción* platea el siguiente interrogante: ¿cómo es posible saber que se ha escapado del etnocentrismo cuando la interpretación sigue siendo "la nuestra"? ¿Cómo podemos saber que nuestra comprensión, que cree haber incluido los propios términos de los agentes, realmente lo ha hecho o, por el contrario, el etnocentrismo sigue presente?

Lo primero que hemos de decir es que no podemos dar una respuesta concluyente porque, como vimos, según la segunda condición (las condiciones trascendentales de un marco de referencia), nuestra comprensión siempre es limitada. Sin embargo, la objeción puede estar planteando una crítica más aguda dirigida principalmente a *posiciones condescendientes* que buscan atribuirles el significado más inteligible y valioso para nosotros. Sin embargo, precisamente porque todavía es para nosotros –y no para ellos—; porque seguimos empleando nuestros propios esquemas conceptuales y porque el lenguaje que prevalece en el "encuentro" es aún "mi lenguaje", incurrimos en la unilateralidad y el encuentro realmente aún no ha acontecido.

En "Comprensión y etnocentrismo" Taylor critica el etnocentrismo de la explicación cientificista pero también el que late en posiciones caracterizadas como relativistas como las que presenta Peter Winch al comprender sociedades primitivas como la tribu Azande y que a juicio de Taylor adoptan de modo etnocéntrico la "tesis de la incorregibilidad". Aunque pudiera parecer que el relativismo es un modo de "dejarles ser en la diferencia" sin embargo, lo que en el fondo hace es proyectar un esquema conceptual propio de la civilización occidental en el que determinadas prácticas tienen un significado exclusivamente simbólico. Con ello, a juicio de Taylor, se está asumiendo el presupuesto etnocéntrico de cierta sociedad moderna que ha separado la racionalidad científico-técnica de las cuestiones simbólicas sobre las que no cabe emitir ningún juicio acerca de su corrección. La comprensión intercultural en la medida que también toma conciencia de estas distinciones culturales evita la proyección etnocéntrica de comprenderlos siempre como no equivocados. Por lo tanto, la clave hermenéutica de la comprensión intercultural radica en tomar conciencia de los propios esquemas conceptuales y evitar que queden proyectados de modo desapercibido. Y al tomar conciencia de ellos, lo que hay que hacer es trazar de modo más fundamental en dónde radica la diferencia constitutiva entre su forma de vida y la nuestra.

> La concepción que defiendo aquí discrepa de estos dos enfoques [cientificista y relativista]. De manera tal vez un tanto paradójica, acusaría a ambos de compartir un supuesto etnocéntrico: que la práctica de la tribu debe ser *o bien* una protociencia o una prototecnología *o bien* la integración de la significación a través del simbolismo. Pues un rasgo característico de nuestra civilización es haber separado y dividido ambas cosas.[188]

Por otra parte, recordemos en el ensayo de 2002 en homenaje a Gadamer titulado "Gadamer on human sciences", destaca Taylor la superioridad del planteamiento de la fusión de horizontes de Gadamer respecto al principio de caridad de Donald Davidson: "el problema está en caer en la tentación etnocéntrica de dar sentido del extranjero demasiado rápido, es decir, sentido en los propios términos de uno"[189]. La fusión de horizontes de Gadamer nos introduce, por el contrario, en un nuevo lenguaje emergente del encuentro intercultural. Por ello necesitamos comprender cómo nos movemos en el momento del encuentro desde nuestro lenguaje, el cual sólo puede distorsionarlos, a un lenguaje más rico que los incluya; tenemos que realizar el tránsito de dar el mejor sentido en nuestros términos iniciales, lo cual normalmente será una imposición ajena, a dar el mejor sentido dentro de un horizonte fusionado. "No veo cómo pueda llevarse este proceso a cabo,

---

[188]   Taylor, Ch., "Comprensión y etnocentrismo", *op. cit.*, p. 214.
[189]   Taylor, Ch., "Gadamer on human science", *op. cit.*, p. 138. Estas afirmaciones en contra del principio de caridad de Donald Davidson, desmienten la supuesta semejanza que, a juicio de Harmut Rosa, guardan el planteamiento de Charles Taylor y Donald Davidson. Cf. Rosa, H., *Individuelle Identität und kulturelle Praxis*, Campus, Berlin, 1996, p. 525, nota 31. James Bohman, por su parte, distingue muy claramente ambos planteamientos. Cf. Bohman, J., *New Philosophy of Social Science*, *op. cit.*, pp. 133 y ss.

sin aludir dentro de nuestra ontología a algo como horizontes o esquemas conceptuales alternativos"[190].

Inspirado en Gadamer el modelo que sugiere Taylor para hacer frente a esta objeción es el de la *conversación*. En ella tiene lugar el momento crucial para nuestra hermenéutica que ha aceptado el desafío de comprender al otro en su diferencia; el momento de ser interpelados por el otro. Sus prácticas en tanto que expresión de su humanidad no nos son completamente extrañas, pero tampoco demasiado familiares. La interpelación consiste en que de algún modo cuestionan nuestro modo de vida, al menos en el sentido de no sabernos como el único posible. Darles la palabra, es decir, permitirles situarse más fuera de nuestra propia comprensión a su manera, es el camino para identificar un contraste y, según la expresión de Gadamer, ganar un nuevo horizonte. Pongamos el siguiente caso:

Supongamos que ojeando una revista encontramos una fotografía de un grupo de hombres desnudos caminando de espaldas. Muy probablemente, a lo mejor, la primera identificación que hagamos, la que más se ajusta a nuestros parámetros de inteligibilidad, sea la de un grupo de nudistas en una playa o, a lo peor, la de un grupo de exhibicionistas. Nuestra primera reacción de perplejidad, quizá, surja al considerar que la revista que tenemos en las manos está dedicada al diálogo interreligioso. Si nos detenemos y leemos el artículo donde se encuentra la foto descubriremos, sin embargo, que nuestra identificación era errónea. Aquellos hombres son monjes *digambara* pertenecientes al *jainismo*, que movidos por una escrupulosa observancia de respetar la no posesión y el deseo de trascender el orgullo y la vergüenza, practican la desnudez. Nada que ver, por lo tanto, con un grupo de exhibicionistas, ¿no?[191].

De nuestra identificación primera al significado de la desnudez para los monjes hay un cambio radical. La segunda de algún modo nos interpela y

---

[190]   Taylor, Ch., "Gadamer on human sciences", op. cit., p. 138.
[191]   Los monjes *digambara* pertenecen al *jainismo* que es una religión que cuenta en la india con más de cuatro millones de personas. Entre otras cosas, el jainismo, propone un yoga universal y fundada su estilo de vida en la *ahimsa* (la conocida no-violencia o el principio de no dañar a ningún ser vivo, que tanto influyó en Gandhi). Otro de los mensajes enormemente sugerente para el mundo de hoy es la llamada *anekantavada*, que podríamos traducir como doctrina del no absolutismo o pluralismo filosófico. Un interesante artículo de Agustín Pániker sobre el jainismo se encuentra en el número 8 de *Dialogal* (Invierno 2003), pp: 22–26.

nos lleva a vincular la desnudez con fines muy distintos a los que nosotros le damos. Lo que hacemos en el segundo caso es considerar un significado de la desnudez que desde nuestra previa comprensión era ininteligible. Con lo cual cuestionamos nuestra previa comprensión. Y al identificar sus límites articulamos sus presupuestos la ensanchamos.

Mi pregunta ahora es: ¿no requiere esta segunda explicación que nos adentremos en la cultura extraña aún a costa de poner en duda el significado de las cosas para nosotros? Es decir, ¿no hará falta una buena dosis de *per-plejidad*, es decir, de sembrar cierta duda en cosas que damos normalmente por supuestas? Y para ello ¿no tendríamos que precavernos muy mucho de identificar inmediatamente sus prácticas con nuestros significados, en vistas a *comprender perspicazmente la diferencia*[192]? La arrogancia se halla muy presente en nuestra comprensión. Sortearla pasa por detenerse hasta en los detalles más nimios del significado de su práctica. Hasta el punto de que, volviendo al ejemplo, quien aún considere a los monjes como una especie de "sin vergüenzas" no habrá experimentado todavía el encuentro intercultural. Nuestra cultura occidental nos bloquea y no alcanzamos a comprender a fondo su significado de la desnudez. Al considerar la suya no hemos puesto en cuestión los presupuestos de nuestra cultura.

El núcleo de nuestro planteamiento es que sólo dejamos ser a los otros más a su manera, en la medida en que estamos dispuestos a *articular cosas que teníamos por evidentes y obvias*, o simplemente, como dadas. Hemos de articular lo que normalmente queda en el trasfondo. Recuperarlo para poner en cuestión sus límites. Sólo identificando los presupuestos y descubriendo el poder que ejercen en nuestra comprensión, será posible ampliarla, reba-sando sus límites. Cito a Taylor: "El camino para comprender a los otros pasa por la patente identificación y liberación de estas facetas de nuestra propia comprensión implícita que distorsiona la realidad del otro"[193]. En efecto, comprender al otro en su peculiaridad se hace al mismo tiempo que uno ha

---

[192] Taylor emplea a menudo tanto el adverbio y adjetivo de raíz anglosajona "insight" como el de raíz latina "perspicuous", que nosotros hemos vertido al castellano por "perspicaz". Con ello queremos significar que para ganar en clarividencia hemos de agudizar el ingenio y penetrar en las diferencias, de manera que el contraste pueda ser realmente perspicaz.

[193] Taylor, Ch., "Gadamer on human sciences", p. 132.

comprendido que sus formulaciones constituyen una peculiaridad suya y no una característica de la condición humana[194].

Recapitulando nuestro argumento a la luz del ejemplo vemos que se ha generado un contraste cuando hemos identificamos una diferencia entre ellos y nosotros. Siguiendo el esquema que trazamos al comienzo sobre las condiciones, podemos decir entonces, que nuestra comprensión cumple la primera de las condiciones: la del sentido, aunque ya no de modo unívoco. Vemos también que entre la segunda y la tercera se establece una relación crucial, porque al incluir los términos de los agentes, nuestra comprensión *contrasta* con la suya. Así lo que antes era un límite de nuestra comprensión e impedía *salir* de ella al saberse como la única, pasamos a comprenderlo como una posibilidad más que contrasta con otra. ¿De qué modo el contraste permite dar cuenta de ellos?

El contraste permite dar cuenta de ellos porque permite *un saliente* en nuestra comprensión. Pero un saliente que siempre es parcial y remite al lugar del que sale y con el que siempre guarda una relación de conexión. Por ello salimos *en parte* de nuestra comprensión al considerar las metas que constituyen el significado de su práctica y para ello hemos de articular nuestro trasfondo. La relación es recíproca. De modo que siempre hay lo destacado y aquello sobre lo que se destaca.[195]

En *Verdad y método* Gadamer explica que la fusión de horizontes tiene lugar bajo la forma del proceso de destacar (*Abhebung*, es el término empleado en dicha obra) algo del trasfondo. El proceso de destacar conlleva poner en juego los prejuicios y los horizontes, que no son un acervo fijo de opiniones

---

[194] Refiriéndose al desafío de permitir al otro ser en su diferencia, afirma Taylor: "Esto sucederá cuando aceptemos el desafío de ser interpelados por lo que es diferente en sus vidas y este desafío tratará sobre dos cambios conectados: al ver nuestra peculiaridad, en primer lugar, como un hecho formulado por nosotros, y no simplemente como una característica tomada como garantía de la condición humana; percibiremos, al mismo tiempo, la correspondiente característica de su forma de vida no distorsionada". Taylor, Ch., "Gadamer on human science" p. 132.

[195] En la primavera de 2005 durante una estancia de investigación en *Northwestern University* tuve la ocasión de discutir este texto con Charles Taylor. Nos detuvimos a analizar el término "saliente" y ambos consideramos que sería una confusión si por él se entiende un corte o desconexión con el contexto o, mejor dicho, contextos desde los que emerge dicho saliente. Así pues, no hay que perder de vista que el saliente remite a los contextos desde los que emerge. Lo cual está en conexión con el término gadameriano de *Abhebung* que comento líneas más abajo.

y valoraciones. En el caso de la historia, que es en el que se centra Gadamer, "el horizonte del presente no se forma pues al margen del pasado. Ni existe un horizonte del presente en sí mismo, ni hay horizontes históricos que hubiera que ganar. *Comprender es siempre el proceso de la fusión de horizontes, que presuntamente [*vermeintlich*] son para sí*"[196]. Así la superación (*Aufhebung*) de los límites de la comprensión previa, se lleva a cabo a través del proceso de *sobresalir* o *destacar* (*Abhebung*) algo del trasfondo. En este doble sentido es en el que hablamos de un saliente en la comprensión[197].

El cambio, quizá, más significativo que tiene lugar a través de los contrastes y salientes que generamos es que nuestra visión ya no se sabe como la única, sino que concibe otras posibles. Habiendo ganado este nuevo horizonte ya no nos sabemos como el único modo de dar sentido a ciertas prácticas, sino *con* otros. Por ello contra la tendencia etnocéntrica que descalifica las prácticas extrañas (en nuestro caso la desnudez de los monjes *digambara*), Taylor afirma que "estamos invitados a tomar seriamente el lenguaje de las evaluaciones fuertes de las gentes, como mínimo en el sentido de que ellas son retratos de cómo son las cosas con nosotros (y posiblemente con el universo, con Dios…)"[198].

A mi juicio, este es el cambio más sustancial de la hermenéutica dispuesta a comprender el encuentro intercultural, el paso *del para nosotros al con nosotros*. Si al comienzo mencionamos tres condiciones de la hermenéutica, ahora yo añadiría a éstas una cuarta que en realidad sería una ampliación de la segunda (distinción entre acción y significado), pero que de modo más original permite que nuestra hermenéutica permanezca abierta a una mejor explicación posible. La formularía diciendo que la diferencia del otro es condición de posibilidad de mi mejor comprensión, pues al comprender a la otra cultura, nosotros comprendemos algo más de nosotros mismo[199].

Para finalizar este capítulo quisiera tan sólo señalar algunos caracteres significativos de esta hermenéutica, que descubre nuevos vestigios

---

[196] Gadamer, *Verdad y método, op. cit.* pp. 376–377.
[197] El término "abheben" tiene el sentido en el alemán hablado de despegar un avión, separar, sobresalir o destacar algo de su contexto. Gadamer lo relaciona con "aufheben", con todas las resonancias hegelianas que éste tiene.
[198] Taylor, Ch., "Understanding and explanation in the *Geisteswissenschaften*", *op. cit.*, p. 200.
[199] Taylor, Ch., "Understanding and explanation in the *Geisteswissenschaften*", *op. cit.*, p. 205.

tras los que proseguir la andadura en favor de una hermenéutica intercultural.

5. DEL CONFINAMIENTO IDENTITARIO A LA EXPERIENCIA DEL ENCUENTRO HERMENÉUTICO-INTERCULTURAL

El camino del encuentro intercultural que hemos de recorrer y que implica un ensanchamiento de nuestra comprensión no se reduce a la curiosidad superficial ni tampoco al conocimiento erudito de otra forma de vida. El camino del encuentro intercultural es realmente costoso y penoso porque poniendo en juego nuestros prejuicios, llevamos a cabo una autocrítica de nuestras propias prácticas, revisando su significado y los fines que con ellas perseguimos. Se trata de identificar los presupuestos tácitos de nuestra comprensión para liberarnos de ellos.

Conviene destacar que este tipo de comprensión tiene un coste y es contraria al deseo de reafirmar la propia identidad a toda costa. Es además un camino arduo porque consiste en sacarnos de nuestras casillas y los encasillamientos en que colocamos a la otra cultura para poner en cuestión nuestras metas y presupuestos.

Efectivamente, es un camino costoso que consiste en ir perdiendo certezas y ganando en experiencia. "Hacer una experiencia", no simplemente confirmarla –dice Gadamer—, es reparar en una no-verdad que antes teníamos por verdad. El camino consiste en la pérdida progresiva de certezas, de manera que lo que la conciencia tenía como en-sí acaba resultando que sólo era para ella. A través de la determinación de algo que no llega a ser en sí, que se queda en nada ("Erfahrung der Nichtigkeit"), podemos decir que sabemos algo más.

Gadamer recupera este planteamiento hegeliano con la importantísima salvedad de que no acepta un término para este proceso, es decir, que el proceso tenga que finalizar en el saber absoluto, sino que "la verdad de la experiencia contiene siempre la referencia a nuevas experiencias. En este sentido la persona a la que llamamos experimentada no es sólo alguien que se ha hecho el que es *a través de* experiencias, sino también alguien que está abierto *a* (nuevas) experiencias"[200].

---

[200] Cf. Gadamer, *Verdad y método, op. cit.*, pp. 421–439. Taylor, al igual que Gadamer, comparten la caracterización de la experiencia de la conciencia que hace Hegel en la

De este modo hacemos una experiencia intercultural, cuando des-encasillamos a los otros y estamos dispuestos a conocerlos en sus propios términos y re-conocernos a nosotros mismos, al menos, como otros posibles. Esto ya es, en cualquier caso, un cambio sustancial. Por ello, el lema de nuestra hermenéutica ha de ser: "no comprender al otro sin un cambio en nosotros mismos"[201].

La experiencia intercultural requiere un cambio sustancial en la comprensión de los otros y también de uno mismo. De hecho, como sostiene Taylor, "a menudo nos vemos ante la imposibilidad de entender otra sociedad si al mismo tiempo no nos entendemos mejor a nosotros mismos".[202] De modo que ese cambio implica a su vez un cuestionamiento de los propios contornos que nos permiten situarnos frente a la realidad y entenderla. Al hacer la experiencia del entendimiento intercultural cuestionamos también la propia identidad, porque para poder definirla (de-finir), esto es, trazar fines o límites hace falta situar y concretar cuáles son esos fines o límites. Fines que trazan distinciones y diferencias sustanciales entre unas y otras culturas. De hecho como vimos en el apartado anterior la lógica del contraste implica hacerse cargo y dar cuenta de todos los lados que permiten perfilar el contorno con mayor precisión. Por ello, la experiencia intercultural trasciende el "confinamiento" en el que a menudo se sitúa la identidad y la devuelve a un diálogo o conversación en el que las diversas partes se esfuerzan por repensar los contornos de sus propias identidades a la luz del encuentro.

"Introducción" de la *Fenomenología del espíritu*. En el párrafo 6 de dicha "Introducción" Hegel emplea la expresión "Weg der Verzweiflung", que podemos traducir por "camino de desesperación o tormento" que ha de seguir la conciencia en la evolución del saber. Se demarca de este modo –y nosotros con él– de la duda ("Zweifel") cartesiana, adoptando el cariz marcadamente experiencial de la desesperación ("Verzweiflung"). Efectivamente, Gadamer recupera el planteamiento hegeliano con la importantísima salvedad de que no acepta un término para este proceso, es decir, que el proceso tenga que finalizar en el saber absoluto, sino que "la verdad de la experiencia contiene siempre la referencia a nuevas experiencias. En este sentido la persona a la que llamamos experimentada no es sólo alguien que se ha hecho el que es *a través de* experiencias, sino también alguien que está abierto *a* (nuevas) experiencias" (Gadamer, H.G., *Verdad y método, op. cit.*, p. 431.

[201] Es esta una tesis que reaparece constante en las obras de Taylor sobre la comprensión de otras culturas. Cf. Taylor, Ch., "Interpretación y las ciencias del hombre", *op. cit.*, p. 194; Taylor, Ch., "Gadamer on Human Science", *op. cit.*, p. 141; Dreyfus, H. y Taylor, Ch., *Recuperar el realismo*, p. 206.

[202] Taylor, Ch., "Comprender y etnocentrismo", *op. cit.*, p. 216.

Relevancia Ética y Política de la Hermenéutica Intercultural de Charles Taylor

1. RELEVANCIA ÉTICA DE LA EXPERIENCIA HERMENÉUTICA EN EL ENCUENTRO INTERCULTURAL

A la luz de los últimos capítulos cabe preguntarse si es la interculturalidad en su sentido radical y pleno otro de los rasgos que merecen ser considerados en la experiencia hermenéutica. ¿No hay acaso una o diversas culturas que hablan en nosotros cuando hacemos una experiencia? Por eso con Gadamer, pero quizá más allá de Gadamer cabría añadir que junto con la historicidad y la lingüisticidad la experiencia hermenéutica tiene también un carácter propiamente (inter-)cultural.

La experiencia constituye el anclaje del enfoque hermenéutico y en este sentido habría que elevarlo a "problema fundamental de la hermenéutica". La apuesta por el "mundo de la vida" lleva a la hermenéutica a ahondar en el brumoso mundo de la experiencia donde lo que está en juego es un saber vital, que da cabida a la libertad e innovación experiencial. Pero para este tipo de saber no disponemos de medidas o estándares de medición sino de un tipo de "saber práctico" que se va aquilatando en la experiencia. Que no haya una medida no significa en ningún caso que no se pueda regular o que haya que obviar la dimensión crítica y autocrítica del encuentro. Más bien, en lo que incide es en la relevancia que adquiere el "ethos" como forma propia de ser en el que la propia autocomprensión es inseparable del carácter ético de la convivencia.

La experiencia hermenéutica se centra en la convivencia entre los seres humanos. De hecho, en un interesante pasaje Gadamer se refiere al entender no tanto como un método sino como "una forma de convivencia entre aquellos que se entienden".[203] Precisamente parte de su crítica al historicismo es haber concebido el entender como una vía metodológica que termina por eliminar la facticidad y la temporalidad humana. No se trata en ningún caso de huir de la temporalidad constitutiva de la experiencia humana, pero también es importante hacerse cargo de los rasgos culturales y la posibilidad de proyectar una ética intercultural en clave hermenéutica.

2. ÉTICA HERMENÉUTICA INTERCULTURAL

Aunque no es habitual encontrar en las enciclopedias o historias de ética un capítulo dedicado específicamente a la ética hermenéutica, sin embargo, como recuerda Jesús Conill[204] los representantes más significativos de la filosofía moral y política contemporánea se sitúan en el contexto hermenéutico de forma diversa.

Autores como Paul Ricoeur, Karl-Otto Apel, Michael Walzer, Charles Taylor, José María G. Gómez-Heras o Jesús Conill, entre otros, han puesto de manifiesto la necesidad de repensar la hermenéutica filosófica bajo el prisma de la ética para ver si desde ella es posible responder a los principales interrogantes éticos de nuestra actual sociedad. Las versiones de dichas respuestas distan entre sí. Pero todas ellas parten de la convicción ya presente en Gadamer de que la hermenéutica no ha de quedar confinada en el ámbito de la interpretación de los textos, sino que ha de centrarse en la interpretación, comprensión y aplicación relativa a la praxis humana. El carácter axiológico de la conducta de las personas entendidas como auténticos agentes morales queda de manifiesto y comienza a analizarse el alcance normativo de la hermenéutica filosófica. Lo cual implica analizar si la ontología heideggeriana eclipsa el desarrollo de una ética intercultural o si por el contrario es conveniente indagar en determinados aspectos éticos que aquella deja de lado y que permiten hablar de valores y principios humanizadores en un sentido plenamente ético.

Tal vez, la pretensión principal al hablar de ética hermenéutica sea no recluir la dimensión de la experiencia hermenéutica al ámbito de la estética,

---

[203] Gadamer, *Verdad y método*, op. cit. p. 12.
[204] Cf. Conill, J. *Ética hermenéutica. Crítica desde la facticidad*. 2006, Tecnos, Madrid.

fuera de la capacidad crítica característica de la ética. Teniendo esto muy presente, la facticidad o finitud constitutiva de la experiencia humana no ha de ser vista necesariamente como una merma de la capacidad crítica para regular conductas sino, al contrario, más bien como su condición de posibilidad. Es aquí en el que la dimensión intercultural se topa sin duda con dificultades dado que las formas de vidas existentes atienden a costumbres heterogéneas y que en algunas ocasiones coliden entre sí.

La ética hermenéutica preocupada por los contextos históricos, sociales y culturales, sin embargo, no renuncia al potencial crítico emergente de la propia experiencia. Porque para entender el sentido de determinadas prácticas culturales no basta con describir hechos como mero observador. Hace falta hacerse cargo de las valoraciones y pretensiones críticas de los propios agentes. Es a esto a lo que llamamos dimensión crítica del entender.

La ética hermenéutica intercultural da un paso más y concibe que es posible que personas pertenecientes a culturas diferentes lleguen a entenderse entre sí. La dimensión crítica no es unidireccional ni unilateral, actividad solo de ida (cuesta pensar que humanamente la crítica en tanto que expresión re-flexiva pueda llegar a ser unidireccional o unilateral). Por el contrario, en la ética hermenéutica intercultural la crítica adquiere la forma hermenéutica característica del diálogo, es decir, de un razonamiento o *logos* dinámico que se hace cargo de los diversos lados de la práctica cultural en cuestión. Tal vez uno de los aspectos más significativos de esta instancia crítica sea que no lo hace desconectando de los contextos o las formas de vida particulares, pero sí que toma en cuenta ese nuevo lenguaje de contrastes perspicaces que va emergiendo como consecuencia de la experiencia hermenéutica realizada.

3. ÉTICA Y POLÍTICA HERMENÉUTICA INTERCULTURAL EN CHARLES TAYLOR

El filósofo quebequés Charles Taylor ha mostrado a lo largo de su dilatada obra una viva preocupación por perfilar una ética y una política para una sociedad en la que se fomente la diversidad cultural y el pluralismo. Su obra incide en algunos aspectos éticos y políticos que conviene tener en cuenta para el propósito de una ética y una política hermenéutica intercultural. En trabajos anteriores, hemos expuesto prolijamente diversos aspectos de filosofía moral y política de Charles Taylor.[205] En este apartado vamos a centrarnos en el alcance y limitaciones de dicho enfoque para la situación hermenéutica de la interculturalidad incidiendo en tres aspectos que son cruciales: el ámbito de lo moral, el pluralismo irreductible y la complementariedad entre la identidad y el reconocimiento, en clave intercultural.

3.1. ENSANCHAMIENTO INTERCULTURAL DEL HORIZONTE MORAL

A la luz de la hermenéutica intercultural, lo moral no se reduce a lo estrictamente normativo. Poner en el centro el mundo de la vida y el horizonte intercultural permite redescubrir la moral en todo su potencial de sentido y significado, encarnado en formas de vida históricas y culturales. Porque en virtud de la hermenéutica intercultural, es posible no solo reconocer el valor inherente a las diversas culturas por haber conferido sentido a las personas a lo largo de la historia, sino que ese reconocimiento constituye el primer paso para entender correctamente el encuentro intercultural.

Por lo tanto, en la ética hermenéutica intercultural la moral no se reduce a lo estrictamente normativo, sino que se concibe ante todo como "vida ética". Lo cual implica recuperar "la riqueza de lenguajes de trasfondo que utilizamos para asentar las bases de las obligaciones morales".[206] Pues en el centro de la moral está el sentido de respeto y las obligaciones hacia los demás, pero también lo que entendemos que hace que una vida sea plena. La hermenéutica intercultural se resiste a una definición de la moral por "segregación". O, dicho de otro modo, el potencial normativo no funciona allende las formas culturales de la vida, sino que emerge desde dichas formas de vida culturalmente diversas y se encarna en prácticas concretas y efectivas a lo largo de la historia.

Taylor se aleja radicalmente de una posible forma de considerar que somos individuos separados, egos aislados. Su filosofía descansa sobre la

---

[205] Son diversos lo artículos en los que he desarrollado algunos de estos apartados. Véanse, por ejemplo, Javier Gracia, "Posibilidad de un individualismo holista", *Isegoría*, nº 42, enero-junio 2010 pp. 199–213; Javier Gracia, "Identidades complejas y dinámicas". *Revista Española de Ciencia Política*. Núm. 28, Marzo 2012, pp. 11–30; Javier Gracia, "¿Lo justo versus lo bueno? Sobre "lo justo" en la filosofía de Charles Taylor", *Pensamiento*, nº 257, pp. 413–426.

[206] Taylor, Ch., Fuentes *del yo, op. cit.*, p. 17.

concepción del "sujeto encarnado" de la filosofía de Maurice Merleau-Ponty.[207] Explícitamente Taylor alude a las condiciones trascendentales de referencia a una comunidad. A este respecto las condiciones de intersubjetividad y la necesidad de reconocimiento son constitutivos de la propia individualidad. Centrarse en la conversación como la urdimbre de interlocución tal como hace Taylor, permite evitar el peligro egocéntrico y en cierto sentido hace posible superar también el subjetivismo e individualismo predominante en las sociedades occidentales.[208]

Contra el egocentrismo de raigambre etnocéntrica (en concreto de la cultura occidental moderna), Taylor propone "trascender el yo a través de intentos de reconectar el yo a una realidad mayor". Esa realidad mayor que consiste en el "espacio común" de la intersubjetividad urdida a través de la conversación y el diálogo, conduce a la apertura del yo al todo. Incluso afirma que es posible "percibirnos 'desde la perspectiva del todo'". Descubrimos que el ideal de inclusividad que Taylor defiende, parte de un reconocimiento de la particularidad cultural para "concebir nuestra propia perspectiva entre otras". En la enjundiosa nota 20 del apartado 2 "el yo en el espacio moral" de *Fuentes del yo* encontramos una interesante caracterización.

> También somos etnocéntricos, o al menos demasiado estrechos en la comprensión [*understanding*] y simpatía que mostramos, si tomamos como un axioma que el yo es lo que deberíamos desear tener o ser […] Indudablemente poseemos la capacidad imaginativa para dar un paso adelante respecto al lugar que ocupamos y entendernos [*understanding*] como partícipes del todo. Si no lo hacemos no seremos capaces de construir con otros seres humanos eso que he venido llamando el "espacio común" [*common space*], porque esto requiere que percibamos nuestra perspectiva como una perspectiva entre otras. Por tanto, también podemos percibirnos "desde la

---

[207] Olain Olaciregui Berrouet ha analizado con profundidad y rigor el legado de la concepción del sujeto encarnado de Maurice Merlau-Ponty en la filosofía de Charles Taylor y la centralidad que este enfoque adquiere en diversos aspectos antropológicos, epistemológicos, lingüísticos, éticos y políticos de la obra de Taylor. Cf. Olaciregui, O. *El enfoque del sujeto encarnado de Maurice Merleau-Ponty y su herencia en Charles Taylor*, Tesis Doctoral, 2025, Universidad de Valencia.

[208] Taylor alude al célebre estudio *Habits of the Heart* de Robert Bellah y sus colaboradores acerca del individualismo predominante en la cultura norteamericana. Véase Charles Taylor, *Fuentes del yo, op. cit.*, pp. 56–57.

perspectiva del todo"; podemos ver el sí mismo [*self*] en la imaginación como un simple aspecto de un sistema mayor al que activa.[209]

La realidad mayor que ni el egocentrismo, ni el atomismo ni el etnocentrismo entienden es el bien que se alcanza entre seres humanos cuando ambos y sólo cuando ambos lo comparten. Por ello hablamos de bienes comunes. Creo que se distorsionarían las posibilidades interculturales de la hermenéutica de Taylor si concebimos el bien restringido a una cultura particular. Es más bien el presupuesto intercultural de la hermenéutica, que "desde la perspectiva del todo" podamos concebir la inclusión a pesar de (o más bien gracias a) la inconmensurabilidad.

3.2. PLURALISMO IRREDUCTIBLE E INCONMENSURABLE DE BIENES DE LA HUMANIDAD

El lenguaje y el pensamiento moral se condensan, según Taylor, en "evaluaciones fuertes" que contienen contrastes y distinciones cualitativas que permiten distinguir diferentes acciones, sentimientos o modos de vida como moralmente más nobles o viles. Es precisamente estos lenguajes de contrastes los que son relegados por el reduccionismo utilitarista. En contra de esto, Taylor sostiene que estos lenguajes "son centrales en nuestro pensamiento moral y no pueden ser erradicados de él"[210].

Taylor pone algunos ejemplos de lenguajes de contrastes: integridad personal, la caridad, la libertad, la racionalidad utilitarista, etc.[211] Todos ellos se conciben y estructuran a partir de bienes o metas inconmensurables entre sí. No solo porque perfilan una concepción del hombre muy diferente, sino porque las prescripciones que de ellos se derivan son incompatibles entre sí.[212] La inconmensurabilidad consiste en que la imagen del hombre y de

[209] Taylor, Ch., *Fuentes del yo, op. cit.*, pp. 547–548.
[210] Taylor, Ch., "The diversity of goods", *Philosophical Papers II*, Cambridge University Press, Cambridge, 1985, p. 234.
[211] Taylor, Ch. "The diversity of goods", *op. cit.*, pp. 234–235. En "La conducción de una vida" contrapone la responsabilidad política a la integridad. Taylor, Ch. "leading a life", Ruth Chang (ed.) *Incommensurability, Incomparability, and Practical Reasoning*, Harvard University Press, Cambridge, MA, 1997, pp. 170–183.
[212] "I mean that not only that they are based on very different pictures of man, human possibility and the human condition; but that they frequently lead to incompatible prescriptions in our lives –incompatible with each other, and also with the utilitarian calculation" (Taylor, Ch., "The diversity of goods" *op. cit.* p. 234).

su condición que subyace a cada lenguaje es radicalmente distinta. No es posible concebir una medida común a todas ellas. Al menos, no sin que ello distorsione y cambie sustancialmente dicha concepción.

Es importante llamar la atención de que la cuestión acerca del pluralismo en Taylor asume la tesis de la inconmensurabilidad de los bienes. Es decir, no existe una medida común o criterio único al que pueda reducirse la bondad de dichos bienes. Dicha inconmensurabilidad es una forma de resistencia a la asimilación homogeneizadora del utilitarismo y pone en tensión el arco de la hermenéutica dialógica que se ha propuesto pensar a fondo, con radicalidad, la interculturalidad. Pues un diálogo que reconoce la inconmensurabilidad de los lenguajes peculiares y las evaluaciones fuertes insta a superar el etnocentrismo y reconocer la diversidad real del pluralismo de bienes sito en las diversas formas de vida.[213]

Con todo, la inconmensurabilidad y la pluralidad de puntos de vista, no conducen en Charles Taylor a una suerte de posición incapaz de entender o criticar otros puntos de vista. Al contrario, la asunción de puntos de vista no desvincula unos de otros, que los sitúa en un perspectivismo que remite a un todo. La pregunta por la validez no solo no queda anulada, sino que se reconduce desde el perspectivismo de puntos de vista a una totalidad mayor que ha de ser reformulada.

Por ello, a mi modo de ver, el pluralismo de bienes expuesto en la ética y la política de Charles Taylor hay que pensarlo en conexión con el concepto de humanidad, que es el que mejor encarna esa totalidad de orden superior. En lugar de reducir los rasgos de la humanidad a unas cosmovisiones éticas particulares, la ética hermenéutica intercultural invita a realizar el tránsito contrario de modo que el encuentro con otras formas culturales y concepciones de vida buena lleven a ensanchar la concepción de la humanidad como formas diversas de expresión de lo humano. Más que hablar de una verdad absoluta o de un bien hegemónico que haya de imponerse sobre el resto de formas de vida, la ética hermenéutica intercultural invita a redescubrir los

---

[213] Más recientemente, en el octavo y último capítulo de su obra conjunta con Hubert Dreyfus, titulada *Recuperar el realismo*, Charles Taylor ha reformulado su posición calificándola como "realismo pluralista robusto". Un realismo que sin negar las pretensiones de verdad y validez no reduce dicha verdad a un único punto de vista, sino a la pluralidad de perspectivas. Dreyfus, H. y Taylor, Ch. *Recuperar el realismo*, *op. cit.*,

diversos bienes culturales como bienes de la humanidad, desde la capacidad humana de ser "reveladora de mundos diferentes". Ese es el "todo" desde el que se ha de concebir cualquier cosmovisión ética o perspectiva cultural, pues la cultura no es un producto independiente que se haya de imponer sobre lo humano, sino al contrario lo humano lo que dota de significación y validez a la cultura.

> Cada una de estas concepciones [de comprender al ser humano], vistas como formas exclusivas de entender la naturaleza humana, desplaza a las demás y oculta que, en verdad, somos reveladores del mundo. Sin embargo, cada una de ellas, entendida adecuadamente como una entre muchas posibilidades, confirma que nuestro rasgo esencial es ese, el de ser reveladores del mundo, y que esa esencia nos capacita para comprender el papel del lenguaje, y que cada cultura encarna una concepción sobre la vida humana.[214]

Pensar el pluralismo desde la interculturalidad hace que la diversidad no desemboque en una especie de politeísmo axiológico para utilizar la célebre expresión weberiana, porque el objetivo no es confinar las diversas formas de vida culturales a sus respectivos contextos. Al contrario, entender las culturas desde la interculturalidad lleva a pensarlas en la interacción de unas con otras. Esta interacción, aunque no es asimiladora, sin embargo, comporta el reconocimiento de un común denominador que es el referente de la humanidad.

Y en este punto creo que sería muy fecundo y provechoso complementar la ética hermenéutica intercultural de Charles Taylor con la hermenéutica crítica y trascendental de Karl-Otto Apel bajo la forma de la ética del discurso. Al menos por varias razones: (1) porque la "intuición sentida" no es un buen fundamento para la ética que necesita discernir entre lo válido y lo vigente; (2) porque conviene no perder la tensión existente entre la comunidad real y la comunidad ideal para no resignarse a "no tener expectativas demasiado optimistas" de un consenso universal acerca de los derechos humanos; (3) porque hay problemas a nivel global que requieren de un marco normativo compartido por todos.[215]

---

[214] Dreyfus, H. y Taylor, Ch., *Recuperar el realismo, op. cit.*, p. 261.
[215] He profundizado en la complementariedad entre la ética de Charles Taylor y la ética del discurso de Karl-Otto Apel en Gracia, J., "La ética del discurso de Karl-Otto Apel en diálogo con la ética hermenéutica de Charles Taylor". *Daimon. Revista internacional de Filosofía*, nº 78, 2019, pp. 91–106. Y con relación a la filosofía de Jürgen Habermas en:

3.3. IDENTIDAD Y RECONOCIMIENTO EN EL ENTRAMADO DE LA HERMENÉUTICA INTERCULTURAL[216]

Identidad y reconocimiento constituyen dos de las principales categorías éticas y políticas en la Modernidad. En otros lugares he desarrollado diversos aspectos acerca de la génesis de la identidad (individual y colectiva) y del reconocimiento como lucha en el horizonte de la Modernidad. En estas líneas voy a destacar la ganancia que supone enfocar dichas categorías desde el horizonte de una hermenéutica intercultural como la que hemos perfilado en este libro.

A menudo, desde particulares nacionalismos exacerbados se han defendido las identidades de modo exclusivo y excluyente, como elemento segregador entre los pueblos. Lo que me propongo argumentar desde la hermenéutica intercultural es que se trata de un modo miope de concebir la identidad, sesgado y muy corto de miras, que además acaba por imponer definiciones arbitrarias y debilita el diálogo necesario para poder establecer los contornos propios de cada identidad cultural. Uno de los principales escollos es que el nacionalismo colectivista acaba imponiendo un modo de identidad colectiva anuladora de la identidad individual.

En primer lugar, la perspectiva intercultural que proponemos busca complementar la identidad individual con la identidad colectiva como condiciones de posibilidad recíprocas para el desarrollo del carácter de los individuos y los pueblos respectivamente. Pues al igual que "todo hombre tiene su propia medida", todo pueblo tiene su propio carácter (*Volkgeist*).[217] Pero no basta con

---

Gracia, J. "El diálogo filosófico entre Charles Taylor y Jürgen Habermas", en *Diálogo filosófico*, 77, Mayo/agosto 2010, pp. 293–317. Como modo de este desarrollo complementario cabe destacar la versión cordial de la ética del discurso de A. Cortina sobre la que he abundado en mi libro Gracia, J. *El desafío ético de la educación*, Dykinson, Madrid, 2020.

[216] Parcialmente fueron expuestas las ideas de este apartado y el siguiente en los capítulos "Relevancia filosófica del reconocimiento" y "El reconocimiento intercultural en clave hermenéutica" publicados en el volumen editado por Pérez, P. J. et al. (editores), *Bioética, reconocimiento y democracia deliberativa*, Comares, Granada, 2011.

[217] Charles Taylor recurre a Herder, pero también a Rousseau para desarrollar su planteamiento de la identidad. Cf. Ch. Taylor, *Ética de la autenticidad*, Barcelona, Paidós, 1994 p. 64. Hay que destacar que en su famosa cita, Herder habla de que "Jeder hat ein eigenes Mass, gleichsam eine eigene Stimmung aller seiner sinnlichen Gefühle zu einander". Con lo cual incide en la autenticidad individual sin olvidar en los

trazar la diferencia si no se pone de manifiesto la correlación que se establece entre identidad colectiva e identidad individual. Por un lado, ¿cómo sería posible la identidad del grupo si los individuos no se autocomprenden y autodefinen en los mismos términos? Pero, por otro lado, ¿cómo se definirían y comprenderían los propios individuos a sí mismos si atomizados y desvinculados de todo grupo social de referencia se han cegado las fuentes identitarias comunes? A esta sazón creo que cobra todo su sentido la expresión de Taylor "juego recíproco en dos planos".[218] Para entender la tensión que se establece entre la identidad individual y la colectiva es necesario recurrir al concepto del reconocimiento porque desde éste cobra la identidad el sentido de algo que puede verse frustrado y que hay que "luchar" por conseguir.

En segundo lugar, conviene incidir en que la identidad se forma a partir del reconocimiento dado por los demás. De modo que el reconocimiento que los demás nos conceden es central en el proceso de socialización y endoculturación. Nuestra identidad se moldea a partir del reconocimiento que recibimos de los que conviven con nosotros. La imagen que los otros tienen de nosotros mismos es el espejo en el que la persona se ve a sí misma. Según la opinión y el modo como los demás nos traten, iremos formando una opinión o juicio sobre nosotros mismos. A la luz del análisis del joven Hegel, que Taylor retoma, en la época moderna la formación de la identidad puede verse truncada precisamente porque uno no recibe el debido o esperado reconocimiento de esos otros significativos con los que se relaciona. La falta de reconocimiento implica a estos efectos un mal reconocimiento que repercute significativamente en la autocomprensión identitaria del individuo. En el ámbito de las identidades culturales el mal reconocimiento (dentro del cual cabe incluir tanto el menosprecio como el ninguneamiento) adquiere la forma de la imposición de un patrón cultural sobre todas las personas y comunidades. En sus diversas modulaciones el colonialismo cultural ha hecho gala de este mal reconocimiento.

Siguiendo con el análisis de Charles Taylor, el tercer rasgo del reconocimiento intercultural que creo que es central es la articulación de reconocimiento

---

vínculos con los otros (*zu einander*). Cf. Herder, J. G. "Ideen", en *Herders Sämtliche Werke*, vol. XIII, Berlin, Weidmann, 1877–1913, p. 291.

[218] "Individuo y *Volk* son dos entidades que se buscan, que tienen como tarea definir aquello en lo que consiste su originalidad y atenerse a ella". Taylor, Ch., "Identidad y reconocimiento", *Revista internacional de Filosofía Política*, nº 7, 1996, p. 14.

igualitario y reconocimiento de las diferencias. En primer lugar, uno de los aspectos más relevantes del análisis genealógico de Taylor en torno al origen moderno de la identidad es la complementariedad e incluso muta necesidad de la "revolución igualitarista" y la "revolución expresivista". Efectivamente, la quiebra de la sociedad estamental y la emergencia del ideal moderno de igualdad, que culmina con el concepto moderno de dignidad humana, trajeron consigo una revolución sin precedentes que consistía en la igualdad de todo ser humano por el hecho de ser humano. A mi modo de ver, el reconocimiento intercultural –hermenéuticamente enfocado— hace posible articular igualdad y diferencia sin incurrir en una huera contradicción. El concepto de identidad es adecuado para llevar a cabo dicha complementariedad.[219] Para expresarlo de forma sucinta, el reconocimiento igualitario cobra forma en el concepto de dignidad humana. Sin embargo, esto sólo es un aspecto formal, que ha de concretarse a través del reconocimiento de las diferencias propias de cada individuo y colectivo en particular. De otra forma corremos el peligro de proyectar sobre otros individuos o comunidades los contenidos de nuestra propia identidad. Por ejemplo, ¿diríamos acaso que hemos reconocido la valía de un deportista en cuanto deportista si no lo hemos hecho en la modalidad deportiva específica en la que éste destaca? Este sería, efectivamente, el cargo que Taylor levanta contra el "universalismo abstracto" de haber permanecido "ciego a las diferencias" en nombre de la neutralidad liberal.[220]

En cuarto lugar, Taylor añade algo más –y a mi modo de ver con acierto—, a saber, que la igual dignidad de las personas no es sólo un principio vacío, sino "cierto acuerdo fundamental sobre el valor", de modo que "por encima de las diferencias existen ciertas propiedades, comunes o complementarias, que tienen cierto valor".[221] Reconocer el igual valor de ciertas propiedades humanas como la capacidad de razón, de amor, de memoria o de diálogo, implica sostener un *reconocimiento sustantivo* y no sólo un principio vacío

---

[219] En su primera acepción el origen del término latino *"identitas, identitatis"* hace alusión a lo idéntico. Pero en su segunda y tercera acepción incide en el "conjunto de rasgos propios de un individuo o de una colectividad que los caracteriza frente a los demás" y "conciencia de que una persona tiene de ser ella misma y distinta de las demás". Cf. "identidad" en *Diccionario de la lengua española de la Real Academia*.

[220] Taylor, Ch., "La política del reconocimiento", en Amy Gutmann (ed.) *El multiculturalismo y "la política del reconocimiento"*, México, FCE, 1993.

[221] Taylor, Ch., *La ética de la autenticidad, op. cit.*, p. 86.

acerca del valor de dichas capacidades. En este punto la lectura de Paul Ricoeur en *Caminos de Reconocimiento* es excesivamente ambigua porque Taylor no niega cualquier "potencial humano universal como la simple expresión de una cultura hegemónica".[222] Más bien, su crítica al universalismo abstracto es por haber entendido la igualdad como un principio formal vacío y no como un valor fuerte que ha de ser compartido por los ciudadanos, "más allá de sus diferencias". Pues no basta con el acuerdo en definir las diferencias, sino que hace falta también el acuerdo en el valor de la capacidad dialógica del hombre.

Pero Taylor aún da un paso más hacia el ámbito ético-político y se pregunta cómo es posible desarrollar y preservar los rasgos de valores comunes si no es a través de una vida política participativa. De modo que las cuestiones identitarias siempre llevan aparejadas ciertas políticas y, por lo tanto, no se circunscriben exclusivamente a la esfera privada sino al del reconocimiento público. Y esto, cabe insistir, tanto por lo que se refiere al reconocimiento de la igual dignidad como al reconocimiento de las diferencias culturales, a través de las cuales se expresa buena parte de dicha identidad.

Con ello llegamos al quinto rasgo y es que las identidades culturales tienen rasgos morales y una clara resonancia política. El reconocimiento intercultural tiene que atender a las demandas políticas de reconocimiento por parte de grupos culturalmente diferenciados y que sufren algún tipo de menosprecio (falta de reconocimiento). El modo cómo se gestiona el reconocimiento político de los diferentes grupos culturales en tanto que diferentes, pero también en tanto que ciudadanos iguales de la misma sociedad determinará el grado de cohesión necesaria que requieren las sociedades modernas. En la forja de identidades colectivas es necesario reparar en las "condiciones de legitimidad del mundo moderno". Pues el compromiso con los derechos humanos y las "exigencias morales universales" no son suficientes para establecer sólidas identificaciones. A este respecto la "deliberación conjunta" de los ciudadanos es fundamental para ir gestando el tejido intercultural de la ciudadanía y a su vez lograr la necesaria "densa unidad de propósito".[223]

---

[222] Ricoeur, P., *Caminos del reconocimiento*, Madrid, Trotta, 2005, p. 222.

[223] De este modo la crítica de Taylor a las "políticas hechas a partir de vibrantes llamamientos a principios puros [que] sólo fueron un modo de mantener la incomprensión, el conflicto y la paranoia, como tan a menudo a sucedido en Québec". Taylor, Ch., "Las fuentes de la identidad moderna", *Debats* 68, invierno 2000, p. 41.

Encuentro en este rasgo la coincidencia con un aspecto sobre el que llama la atención Ricoeur aludiendo a los "órdenes de reconocimiento" de J.M. Ferry acerca de dar a la identidad moral y política una significación diferenciada no reducible a la práctica argumentativa y que recupere todas las "potencias de la experiencia".[224] Pues, yo añadiría interpelando a Honneth, ¿cómo es posible hacer efectiva la "solidaridad postradicional" si no es atendiendo a la particularidad propia de dicha sociedad? ¿Basta con apelar a un "concepto formal de eticidad"?[225] Desde la hermenéutica intercultural la experiencia, la historia (podríamos añadir, la cultura) ya no se plantean de modo formal sino atendiendo a sus rasgos particulares que la hacen efectiva.

Otro aspecto que el reconocimiento intercultural no puede obliterar es la dimensión histórica de las identidades culturales. A este respecto el enfoque hermenéutico descubre el filón genealógico en una comprensión del trasfondo histórico que hace posible entender las raíces de los problemas concretos de reconocimiento. No basta con reconocer ciertos rasgos universales o estructurales del reconocimiento. El reconocimiento intercultural en clave hermenéutica ha de rastrear las circunstancias concretas y diferenciales de cada contexto. Al reparar en la irrebasable condición histórica del ser humano y su inserción en un momento histórico determinado, la hermenéutica intercultural consigue librar al pensamiento de la "intemperie" del absoluto hegeliano. Pues, ¿no es el reconocimiento de nuestra propia cultura y nuestras propias tradiciones, de nuestro propio tiempo y época, la que nos pone a resguardo de las pretensiones hegelianas de un "espíritu absoluto"?[226]

Pero, el reconocimiento intercultural que proponemos desde la hermenéutica no queda anclado en el pasado, en una maraña que fácilmente puede desembocar en una dialéctica de reproches e inculpaciones recíprocas. El reconocimiento intercultural combate la segregación y trata de "aproximar y reconciliar las soledades" a través de una comprensión de la diversidad profunda de las sociedades actuales. La autocomprensión de identidades

---

[224] Ricoeur, P., *Caminos del reconocimiento, op. cit.*, p. 212.
[225] Cf. Honneth, A., *Kampf um Anerkennung*, Frankfurt, Suhrkamp, 1992, p. 284–287
[226] Tanto Honneth, Ricoeur como Taylor ven la necesidad de separarse en este punto del planteamiento hegeliano, por razones hermenéuticas, que ya expusiera Gadamer. Cf. Honneth, A., *Kampf um Anerkennung, op. cit.* p. 280 y ss.; Ricoeur, P., *Caminos de reconocimiento*, p. 180 y 225; Taylor, Ch., "Comparación, historia y verdad", *op. cit.*; H.G. Gadamer, *Verdad y método, op. cit.*

complejas y dinámicas facilita enormemente el encuentro con otras formas culturales. No puedo desarrollarlo aquí, pero yo creo que el enfoque hermenéutico puede habilitar un tipo de entendimiento a través de la reconciliación, no en términos homogeneizadores o anuladores, sino confiando en el proyecto de una humanidad diversa y a la vez solidaria.[227]

Como séptimo rasgo, añadiría yo, el reconocimiento intercultural en clave hermenéutica emplea un *significado efectual de cultura*. Se distancia de una comprensión folclórica de las culturas fruto de una abstracción clasificatoria (como si las culturas fueran algo que podemos extraer del contexto vital y conservarlas en formol). Esto creo que es un aldabonazo para partidarios de ambos extremos: para los que creen que lo decisivo de la persona se define esencialmente sin referencia a la propia cultura y para los nacionalistas exacerbados que generan discursos acerca de la pureza de una etnia. El significado efectual de cultural pone en evidencia el carácter de cultivo de la humanidad que late en cada cultura, en tanto que cultura. A esta sazón, tal y como desarrollamos en el capítulo cuatro la hermenéutica en el quicio de la interculturalidad se hace cargo de la fecundidad de la distancia cultural, esto es, la inter-culturalidad.

Como octavo rasgo, es en virtud de la fecundidad de la distancia cultural, que la hermenéutica redescubre también su potencial crítico. Porque dialogando con gentes de otras culturas, se descubre el potencial humanizador de las culturas en su diversidad, pero también se cae en la cuenta de las prácticas deshumanizadoras de dichas culturas. Por ello el reconocimiento intercultural a través del diálogo permite a los ciudadanos discernir qué valores y costumbres merece la pena reforzar y cuáles obviar. Yo insistiría en que dicha crítica enfocada hermenéuticamente nunca opera desde ninguna parte, sino siempre situada en la experiencia, "desde la facticidad".[228]

Con ello llegamos a otro rasgo, que entre cultura e interculturalidad se da una estrechísima relación. De modo que del mismo modo que no puede

---

[227] No niego la dificultad de llevar a cabo procesos de reconciliación en sociedades azotadas por guerras y enfrentamientos. Pero creo yo que el primer paso hacia una reconciliación duradera es el reconocimiento de la diversidad. Yo he destacado el potencial de reconciliación y no sólo de conflicto de la hermenéutica intercultural. Javier Gracia, "La tradición: fuente de conflicto y de reconciliación", en Murillo, I., (ed.) *La actualidad de la tradición filosófica*, Diálogo filosófico, Madrid, 2010, pp. 415–422.
[228] Conill, J., *Ética hermenéutica. op. cit.*

haber circunferencia sin radio (aunque éste no esté ya trazado), no puede haber cultura sin interculturalidad (aunque ésta no se haga explícita). Con esta metáfora vengo a defender la "interculturalidad" latente o patente en toda cultura. A mi juicio, la hermenéutica puede contribuir en el reconocimiento de dicha interculturalidad ya existente en nuestras sociedades. El horizonte desde el que hoy vemos y en virtud del cual vemos, es un horizonte ya fusionado, y además de modos diversos.

Antes de pasar a una breve justificación de porqué adoptar una clave hermenéutica, quisiera destacar dos aspectos más que, a mi modo de ver, no pueden ser dejados de lado en el reconocimiento intercultural.

En primer lugar, la crítica de Ricoeur al reconocimiento entendido como "lucha". En el ámbito intercultural, creo que su propuesta de los "estados de paz" es enormemente sugerente y ha de ser pensada y trabajada. Porque el reconocimiento puede derivar en "mala reciprocidad" si el intercambio se vicia en la lógica del mercado o la venganza y acaba borrando los lazos interpersonales y generando actitudes suspicaces. La "mutualidad",[229] sin embargo, mantiene viva la "tensión creadora entre generosidad y obligación". Una tensión interminable que no acaba de ahogar la lucha por el reconocimiento. Pero no como violencia contra otros, sino como lucha y superación personal movida por las "experiencias de reconocimiento efectivo en el intercambio de dones".[230]

En segundo lugar, también con Ricoeur y ahondando en la rica polisemia que el término reconocimiento tiene en castellano y en francés. El reconocimiento está estrechamente vinculado a la gratitud. Referido al tema que nos ocupa, el reconocimiento intercultural nunca es de hecho simétrico. Por ejemplo, la situación de los inmigrantes siempre es de desventaja. A mi modo de ver, el reconocimiento intercultural crea lazos de intercambio salvando la disimetría original y generando círculos virtuosos de gratitud y obligación mutua. Tocados por la experiencia de la comprensión en toda su riqueza, la hermenéutica contribuye, a mi modo de ver, a hacerse cargo de las circunstancias concretas de todos y proponer nuevas formas fecundas de comunicación intercultural.

---

[229] Ricoeur, P., *Los caminos del reconocimiento, op. cit.*, p. 228–238.
[230] Ricoeur, P., *Los caminos del reconocimiento, op. cit.*, p. 251.

4. VIRTUDES DEL ENFOQUE HERMENÉUTICO INTERCULTURAL

A lo largo de este libro ya han salido algunas de las fortalezas del enfoque hermenéutico intercultural que yo propongo. Quisiera destacar a continuación muy sintéticamente algunas de ellas.

En primer lugar, la hermenéutica se presenta como un enfoque adecuado de la intersubjetividad capaz de argumentar contra el solipsismo metódico y capaz de articular el reconocimiento como clave fundamental de las relaciones humanas. De manera que el "ser ahí" es ya siempre un "ahí con" (*mit-da*), porque a su estructura ontológica pertenece también el "ser-con", lo cual remite en última instancia a la finalidad (*damit*). De este modo la hermenéutica entiende "yo", "tú", los "otros" como momentos del "ser-ahí-unos-con-otros" (*Miteinander-sein*).[231]

En segundo lugar, la hermenéutica ha puesto de manifiesto la importancia radical de los contextos. En el reconocimiento intercultural la referencia a los contextos culturales es ineludible. Pues es a partir de los trasfondos de significación como se van gestando las identidades colectivas.

En tercer lugar, en el enfoque hermenéutico la experiencia (humana) ocupa un lugar central. Poniendo en primer lugar el "mundo de la vida", la reflexión no divaga hacia la construcción de una superestructura teórica. Es, más bien, esa misma experiencia la que abre a la reflexión e insta a una comprensión siempre más profunda, guiada por la instancia crítica de entender mejor (y no como incorregibles). Con ello la experiencia humana adquiere un rango cualitativamente diferente respecto al resto de objetos de la naturaleza. El reconocimiento intercultural es por lo tanto una relación interpersonal (intersubjetiva) de índole radicalmente diferente a la lógica sujeto-objeto.

En cuarto lugar, la hermenéutica también ha reconocido la finitud y la facticidad congénita al ser humano.[232] A mi modo de ver, no hay mejor modo de evitar los peligros totalitarios del reconocimiento en clave hegeliana que

---

[231] Autores como Apel pronto apostaron por la hermenéutica pues "el solipsismo metódico es *superado* en la analítica existenciaria". Cf. K.-O. Apel, *Dasein un Erkennen. Eine erkenntnistheoretische Interpretation der Philosophie Martin Heideggers*, Tesis doctoral, Bonn, 1950 (citado por J. C. Siurana, *Una brújula para la vida moral. La idea de sujeto en la ética del discurso de Karl-Otto Apel*, Granada, Comares, 2003). Cf. también Löwith, K., *Das Individuum in der Rolle des Mitmenschen*, Drei Masken Verlag, München, 1928.

[232] Conill, J., *Ética hermenéutica, op. cit.*, pp. 91–201.

reparando en la imposibilidad de salirse de la historia hacia una dialéctica absoluta. Pretender alcanzar un punto de vista absoluto es de lo que nos precave la hermenéutica filosófica.

En quinto lugar, la hermenéutica está en disposición de destacar las diferencias evitando la asimilación. Para ello pone de manifiesto la relevancia del contraste. Pues no se trata de superar-anular las diferencias sino de destacar su relevancia. Para ello ya propuse la diferencia entre una *Aufhebung* hegeliana y la *Abhebung* gadameriana en los capítulos previos.

En sexto lugar, la hermenéutica, al menos desde Gadamer, ha destacado la importancia del "diálogo vivo" para expresar la "experiencia del otro" y del reconocimiento. A este respecto, basándonos en el enfoque hermenéutico y aplicándolo al ámbito intercultural, podríamos distinguir entre "dialéctica" y "diálogo". Mientras que la dialéctica es un movimiento de la racionalidad, el diálogo se sitúa en el plano de la experiencia. Por eso, en el ámbito del "diálogo" hay que destacar que más que un círculo establecido, el círculo se crea a través del encuentro existencial. De modo que no se comienza con un diálogo dialéctico-lógico, en el que las leyes ya están preestablecidas, sino que se lleva a cabo todo un proceso de aprendizaje y fecundación mutua, en el que se han de inventar nuevos lenguajes de intercambio.[233]

Y ya para ir acabando, el enfoque hermenéutico intercultural que propongo no anula el potencial crítico de la racionalidad humana. De hecho, como se ha señalado más arriba, creo que la hermenéutica óptima es aquella que mantiene un diálogo fecundo con la ética del discurso. Pues elevar el reconocimiento a concepto normativo (como hace Honneth) tiene sin lugar a duda la ventaja de elevar instancias crítico-teóricas que consiguen regular las luchas sociales. Sin embargo, el enfoque que yo propondría sí que pretende esquivar los posibles "cortes" o "escisiones" de dicha crítica con la dimensión cultural. Al destacar la "fecundidad de la distancia cultural" no abogo por una ruptura con la propia cultura, más bien el reconocimiento del potencial

---

[233] A este respecto cabe tener en cuenta las interesantes intuiciones de la propuesta de "hermenéutica diatópica" desde una "filosofía imparativa" de Raimon Panikkar. Cf. Panikkar, R., "What Is Comparative Philosophy Comparing?", en J. Larson y E. Deutsch (eds.), *Interpreting across boundaries. New essays in comparative Philosophy*, Princeton University Press, Princeton, 1988.

crítico se lleva a cabo desde la interculturalidad latente en la propia cultura.[234] De este modo, la hermenéutica no genera discursos abstractos, sino que busca siempre "ampliar los propios horizontes", rebasando las particularidades y unilateralidades. Para lo cual el reconocimiento intercultural es crucial.

---

[234] A diferencia de la crítica de la ideología cuya instancia crítica viene de fuera de la propia ideología; la cultura puede redescubrir en su propio concepto humanista de "cultura" el potencial crítico que regule el encuentro intercultural, para ello es fundamental no absolutizar la cultura y ante todo remitirla en última instancia a la humanidad.

Las Claves del Diálogo desde el Enfoque de la Hermenéutica Intercultural

1. EL DIÁLOGO INTERCULTURAL COMO HORIZONTE ABIERTO HACIA EL ENTENDIMIENTO (*IN-TENDO*)

Bajo la égida de la hermenéutica filosófica perfilada en los capítulos anteriores, entender no es acceder a un significado objetivo o a una "intención" original por parte de algunas de las partes en liza. Más bien se trata de una forma de participar en la cultura y tradición de sentido que configura nuestra experiencia del mundo. Por ello, más que la pretensión de apresar o capturar el sentido de modo unilateral (por alguna de las partes) y de una vez por todas, se trata de un auténtico "entender", es decir, *in-tendo*, "tender hacia". Este carácter de tender hacia ha quedado muy bellamente expuesto en la imagen filosófica del "horizonte", porque nunca es algo fijo sino completamente dinámico y que como señala Gadamer se mueve a medida que vamos haciendo nuevas experiencias. Hacer nuevas experiencias, que a su vez nos abren a otras nuevas experiencias, y ganar nuevos horizontes que nos permiten vislumbrar nuevas tierras y culturas (tierras de cultivo), es algo que acontece de modo complementario.

La célebre expresión gadameriana "fusión de horizontes" tantas veces retomada hay que entenderla en la dinámica propia de la experiencia humana, asumiendo que cada horizonte histórico-cultural es limitado y parcial, pero que a su vez este horizonte puede ampliarse en el encuentro con otros horizontes. Como hemos señalado en las páginas de esta obra, la tradición o la propia cultura no es un impedimento infranqueable sino la posibilidad del entendimiento. Pues sin esta no sería posible el trasfondo en el que tiene lugar toda comprensión.

Junto con la célebre imagen del horizonte, creo que la hermenéutica intercultural puede ser entendida también con la imagen de los puentes. La persona que entiende e incluso el que intenta entender (lo cual sería redundar en el carácter propio del "tender hacia" constitutivo) ya ha establecido uno o varios puentes: Así, entender es en cierto sentido tender puentes y pasarelas que permitan sortear dificultades y posibiliten el paso, que superen el aislamiento y establezcan no solo contacto sino cauces de comunicación. Los puentes que procura la hermenéutica intercultural son puentes de diálogo y de entendimiento entre personas de diferentes culturas, o habría que decir que al menos lo intenta, porque nada asegura *a priori* que dicha intención pueda truncarse y surjan las confusiones y los malentendidos.

Con todo, a estas alturas de nuestra exposición es importante destacar que la buscada apertura a nuevos horizontes no está exenta de malentendidos y confusiones. A este respecto hay que reparar en el problema de pretender subsumir en la conciencia individual la experiencia de comprender otras tradiciones y culturas. Es aquí donde a mi modo de ver, surgen los malentendidos y las confusiones porque los prejuicios acerca de los otros adquieren un carácter marcadamente negativo en la medida que se anula la posibilidad de que el otro intervenga en el proceso del entendimiento. El malentendido vendría ocasionado por la anulación del otro y la miopía sobre los propios prejuicios. La confusión sería una mala forma de fusión en la que el otro aparece más como un estereotipo y nunca como un interlocutor válido capaz de cuestionar y desprejuiciar. Lo que tiene lugar aquí es una clara deficiencia en el modo de comprensión que se piensa en términos monológicos y no en los términos dialógicos de la conversación.

2. EL DIÁLOGO INTERCULTURAL NO SE TEJE DESDE DISCURSOS MONOLÓGICOS SINO DESDE LA CONVERSACIÓN

Los discursos monológicos se caracterizan por estar centrados en una sola voz, una sola racionalidad o un solo horizonte de sentido. Aunque a menudo se presentan como universales o neutrales, están atravesados por presupuestos culturales particulares que, al no ser reconocidos como tales, tienden a invisibilizar otras formas de vida y pensamiento. Este tipo de discursos enfatizan la propia "doctrina, ideología, tesis, o punto de vista" (véase sexta acepción de "discurso" en el DRAE).

Desde una perspectiva filosófica, el monólogo se asocia frecuentemente a la lógica de la modernidad eurocéntrica y el individualismo narcisista, que ha configurado la racionalidad como representación, control y dominio generando un acuciante malestar cultural en la Modernidad[235]. Esta tradición ha reducido el diálogo a una mera transmisión de contenidos, donde el otro es un receptor pasivo o, en el mejor de los casos, un interlocutor condicionado por los marcos de la cultura dominante. Mas, como advierte Raimon Panikkar en *El diálogo indispensable*, sin silencio no hay diálogo, y sin reconocimiento de la alteridad, no hay verdadera conversación. La interculturalidad, en este sentido, exige romper con la tentación monológica que pervive tanto en el discurso político como en ciertas concepciones académicas del "otro".

A la luz del diálogo (dia-logos), la verdad es siempre relación, comunicación y no se puede perder de vista que rota esta comunicación el entendimiento se esfuma y en su lugar aparece el control y el dominio. Como en diversos pasajes destaca Gadamer (especialmente en el capítulo 11 de *Verdad y método*), el diálogo se pervierte cuando alguna de las partes busca ante todo "tener la razón", eliminando la escucha e impidiendo el cuestionamiento y la autocrítica. Por eso, hay que recordar una y otra vez que la conversación verdadera (a diferencia del "debate", que remite a la oposición de "bates" que se golpean) no busca ganar sino entenderse. Porque la finalidad del diálogo no es la victoria de uno sobre el otro, pues no se trata de un tornero entre buenos y malos, sino de entender y apropiarnos más auténticamente la vida humana.

A este respecto "Una noción que puede resultar útil es la de humildad (*De-mut*) como el coraje (*Mut*) de ser el servidor de una verdad que no pertenece a ninguno aisladamente".[236] Porque en el fondo la humildad recuerda el vínculo inextricable de un humano que se abaja a la tierra (*humus*) para enraizar en su ser propio. El diálogo no puede tener lugar si no se comienza reconociendo que no se sabe y para ello la clave es la apertura de la pregunta.

---

[235] Taylor, Ch., *Ética de la autenticidad*, op. cit.; Gracia, J., "El hábito del diálogo como clave para la inclusión y el desarrollo humano sostenible", en L. Suárez, M. Orts y M. Fernández (eds.), *Educación ética y filosófica para el desarrollo de hábitos sostenibles*, Dykinson, 2024, pp. 21–30.

[236] Panikkar, R. *El diálogo indispensable*, Península, 2003, p. 43.

Aceptar ese cuestionamiento y comenzar a indagar (reconociendo que no se sabe todo ni tan siquiera lo suficiente) es un gesto de humildad.

El diálogo intercultural no puede sino enraizar en este mismo suelo nutricio de la tierra humana y a partir de ahí producirse un encuentro donde siempre tiene que darse alguna forma de confianza, pero sin condescendencia (!). Al otro se le confían ideas, pensamientos, sentimientos, experiencias, etc. y en ocasiones estas pueden llegar a chocar entre sí. Tal vez un rasgo distintivo de la conversación que se sabe desde la intersubjetividad y supera el repliegue de la individualidad, es que uno mismo no solo ha de pretender comprender al otro sino también estar dispuesto a ser entendido por el otro, e incluso estar preparado para posibles incomprensiones. Solo así es posible "tender" puentes "hacia" el otro (*in-tendere*), sin la pretensión de quererlo apresar. Recoger al otro como un auténtico sí mismo supone superar las posibles proyecciones sobre el otro y tender hacia él como alguien con capacidad para poder ser con sus diferencias y particularidades. En esta situación un universalismo ciego a las diferencias como el que denuncia Charles Taylor en "La política del reconocimiento" solo puede que agravar los malentendidos e impedir el (auténtico) diálogo.[237] El otro tiene voz propia, conciencia propia y se ha de crear un lugar para él, y no en el seno del monólogo del ideólogo aislado.

La conversación se abre más allá del discurso monológico en un ir y venir, un fluir que se sabe en el intercambio, lo cual no siempre es tan evidente en el discurso, que más que un auténtico discurrir se presenta como un enconamiento de pensar la razón en términos bastante unilaterales. La conversación está atravesada por una apertura que se deja sorprender e incluso es capaz de leer entre líneas, lo latente del sentido, porque siempre hay aspectos ocultos que se prestan al campo de la interpretación. Desentrañar conjuntamente la latencia del lenguaje y del horizonte cultural es algo más complejo que armar un argumentario en el que forzar al otro a "entrar en razón". Más que "hacer entrar en razón" al otro, el diálogo solo es posible cuando se desarman las trincheras del deseo de querer ante todo tener razón y se sustituye por el deseo de que entre todos sostengamos la razón.

---

[237] Taylor, Ch. "La política del reconocimiento" en A. Gutmann (ed.) *El multiculturalismo y "la política del reconocimiento"*, México, FCE, 1993. He desarrollado prolijamente la posición de Taylor acerca del reconocimiento de la diferencia en J. Gracia, *Ética y política en Charles Taylor. Claves para una sociedad intercultural*, EAE, Saarbrücken, 2011.

A la postre, el diálogo no es tanto una técnica como una cuestión de actitud y de voluntad de entenderse, aceptando incluso esos espacios de incomprensión que dan lugar a nuevas lecturas y formulaciones. La actitud del diálogo requiere tener capacidad de cuestionamiento y sobre todo, de escucha. Solo a través de ella es posible la creación conjunta de nuevas narrativas.

3. LA PREGUNTA, LA ESCUCHA ACTIVA Y LA CREACIÓN CONJUNTA DE NUEVAS NARRATIVAS DESDE LA HERMENÉUTICA INTERCULTURAL

Desde la tradición hermenéutica filosófica, especialmente en Hans-Georg Gadamer, la pregunta no es un simple instrumento metodológico, sino el punto de partida del entender. Toda comprensión auténtica nace de una pregunta genuina, que se diferencia de la inquisición o del interrogatorio en tanto no busca confirmar lo que ya se sabe, sino abrirse a lo desconocido. Aludiendo a "uno de los más importantes descubrimientos que aporta la presentación de Sócrates por Platón", Gadamer pone de manifiesto la importancia fundamental de las preguntas, sosteniendo que "contrariamente a la opinión dominante es más difícil preguntar que contestar".[238]

De modo radical, desde la hermenéutica filosófica la posibilidad de llevar a cabo una experiencia y para el caso que aquí nos ocupa, de una experiencia intercultural, resulta crucial la "estructura lógica de apertura" de la pregunta. La experiencia intercultural implica dejarse preguntar por el otro, cuestionarse los propios patrones de comprensiones y en el fondo reconocer que no se sabe (de nuevo un gesto de humildad-humanidad). Esta apertura radical de la pregunta desafía al que busca tener razón en el hablar. De modo que preguntar desde el reconocimiento de que no sabemos quiere decir abrir y abrirse. El diálogo es esa forma de lenguaje abierto a la otredad.

En contextos interculturales, la pregunta representa una ruptura con el saber asegurado de la cultura dominante y también de las que aparecen cerradas y ciegas a la comunicación. Preguntar implica reconocer que el otro posee un horizonte de sentido legítimo que no puede ser anticipado ni reducido a categorías propias. La pregunta es, entonces, un acto de descentramiento epistemológico, un reconocimiento de la propia finitud y de la imposibilidad

---

[238] Gadamer, *Verdad y método*, op. cit., pp. 439–440.

de comprender sin exponerse a la transformación. La comprensión del otro implica ya una autocomprensión; la interpretación del otro incide ya en una reinterpretación de sí mismo. Uno mismo no es sino visto y reconocido en el entramado de la intersubjetividad, siempre dinámica. Además, conviene no perder de vista que la pregunta hermenéutica es siempre dialógica: no pretende extraer información, sino abrir un espacio donde el otro pueda hablar desde sí mismo. En este sentido, preguntar es ya un primer paso hacia la co-creación de sentido intercultural.

Pero hay un segundo elemento que resulta crucial para el diálogo y la conversación y es la capacidad de escucha activa. En un mundo tan expuesto a cambios acelerados, redes sociales y ruido mediático, la escucha resulta todo un desafío. La escucha implica un acto de atención, pausa y detenimiento y cuánto más cuando esta escucha es de una persona o grupos de personas que pertenecen a otra cultura. Aquí reaparece la clave de un presupuesto fundamental de todo diálogo como es el reconocimiento de que el otro tiene algo valioso que decir y que aportar. Lo cual no hay que confundir con la condescendencia deflacionaria relativista de que todo vale por igual, como señala Charles Taylor en diversos pasajes de *Las políticas del reconocimiento* y de *Ética de la autenticidad*.[239]

La escucha en clave de diálogo intercultural lleva implicado un aspecto que es nuclear, a saber, el respeto activo hacia la diversidad. El diálogo se pervierte (primera perversión centrista) cuando prevalece la intención de hacer que el otro piense en los mismos parámetros que uno mismo. Pero también (segunda perversión) cuando asumimos el deslizamiento hacia el relativismo blando (incorregible) y se considera que todas las opciones por definición valen lo mismo y no les pueden alcanzar las críticas. Por el contrario, creer en el respeto activo implica dejar al otro la posibilidad de manifestarse y de adoptar cualquier forma que desee en el seno del diálogo mismo. Por supuesto que, sin salirse del diálogo, porque el diálogo mismo, de nuevo si es un verdadero diálogo, conforma y performa el discurso de los hablantes. Entrar en el diálogo no es inculcar ideas a la fuerza. La razón en y desde el

---

[239] Por ejemplo, en el capítulo 4 de su *Ética de la autenticidad*, a propósito de la "retórica de la diferencia y la diversidad", Taylor critica el "paso contraproducente que se da con frecuencia en nuestra civilización hacia el subjetivismo", que conduce a un "relativismo blando que se autodestruye". Taylor, *Ética de la autenticidad*, op. cit. p. 72.

diálogo es transformada desde el respeto perspectivista, desde una escucha respetuosa y transformadora.[240] La escucha activa se diferencia de la permisividad del relativismo blando porque pone atención y procura entender las razones de las diversas partes. El ejercicio de la escucha activa ya es un ejercicio de discernimiento y de ir desentrañando el sentido, significación y también la validez del relato. Por lo tanto, escuchar activamente no es aceptar acríticamente, sino atender a las razones que entretejen el diálogo, razones que están entrelazadas con los contextos vitales y culturales.

4. EL DIÁLOGO INTERCULTURAL Y LA ESCUCHA ACTIVA EN CONTEXTOS DE CONFLICTO, HERIDAS Y VULNERABILIDAD

Vivimos en sociedades cada vez más multiculturales, marcadas por la diversidad de lenguas, creencias, cosmovisiones y experiencias históricas. En este contexto, el diálogo intercultural se convierte no solo en una herramienta de convivencia, sino en una necesidad ética y política para la construcción de la paz. Sin embargo, el diálogo auténtico exige mucho más que la mera tolerancia: requiere una disposición activa a escuchar, comprender y transformar las relaciones marcadas por el conflicto, las heridas históricas y las situaciones de vulnerabilidad.

El diálogo intercultural no es simplemente una conversación entre culturas diferentes, sino un proceso profundo de encuentro y reconocimiento del otro como legítimo portador de sentido. Desde la hermenéutica intercultural aquí esbozada, este diálogo supone un espacio donde las identidades no se diluyen, sino que desde la escucha activa se enriquecen en el reconocimiento mutuo.

Con todo y habida cuenta de la inherente vulnerabilidad y memoria de heridas que atraviesan las historias personales y comunitarias, es importante tener presente que en contextos marcados por la desigualdad o el pasado colonial, el diálogo intercultural no puede ser neutral ni ingenuo. Debe reconocer las asimetrías de poder y las memorias de dolor que muchas veces impiden un intercambio auténtico. Aquí, el diálogo se convierte en una

---

[240] Véase Javier Gracia, "El hábito del diálogo como clave para la inclusión y el desarrollo sostenible", en L. Suárez, M. Orts y M. Fernández (eds.), *Educación ética y filosófica para el desarrollo de hábitos sostenibles*, Dykinson, 2024, pp. 21–30.

forma de rehabilitación, donde escuchar al otro implica también validar su sufrimiento, su dignidad y su derecho a ser escuchado. Pero a este respecto es clave no confundir la vulnerabilidad con el victimismo. Creo que la escucha activa ha de trazar esta distinción clave entre vulnerabilidad y victimismo porque mientras que la vulnerabilidad es una característica y capacidad constitutiva de la condición humana, la ideología victimista considera que la culpa siempre es de otros y uno mismo es solo víctima.[241]

La escucha activa está vinculada con formas de rehabilitar situaciones de conflicto, personales y comunitarias. Por ejemplo, la escucha activa puede tener un enorme potencial para la creación de nuevas narrativas que hagan posible superar fases de conflicto y cicatrizar heridas. Así, como ha expuesto Sara Cobb con su modelo circular narrativo las diversas partes no solo no adoptan una posición enconada, atrincherada en sus posiciones y que refuerza el conflicto, manteniendo a las partes atrapadas en una lógica binaria de víctimas y perpetradores (*looping narrative*), sino que son capaces de asumir sus propias responsabilidades convirtiéndose así en "autores éticos mediadores". "La ética del compromiso narrativo" que sostiene Cobb insiste en que trabajar con narrativas implica asumir una responsabilidad ética: no se trata solo de técnicas, sino de una postura humana y política frente al sufrimiento y la dignidad del otro.[242]

Cuando las culturas han estado en conflicto —ya sea por guerras, colonización, racismo, desplazamientos forzados o discriminación estructural—, el diálogo debe tener en cuenta las memorias colectivas de sufrimiento. Estas memorias no solo viven en el pasado: se encarnan en las emociones, los silencios, la desconfianza, y los relatos compartidos. A este respecto, desde el enclave de la hermenéutica filosófica con relevancia ética y política, el diálogo intercultural y la escucha activa son prácticas profundamente humanas que, en contextos de conflicto, heridas y vulnerabilidad, pueden abrir caminos

---

[241] He desarrollado este punto en el capítulo "La vulnerabilidad como condición humana desde la que educar", en J. Gracia (ed.) *Educación ética y filosófica en contextos de conflicto, heridas y vulnerabilidad*, Dykinson, Madrid, 2023.

[242] Véase, por ejemplo, Sara Cobb, *Speaking of Violence*, Oxford, Oxford University Press, 2013. Aunque Sara Cobb tiende a dialogar más con autores de campos aplicados como la mediación, la psicología narrativa, la sociología del lenguaje, y los estudios de conflicto, creo que su enfoque en guarda una estrecha conexión con la hermenéutica intercultural.

hacia la reconciliación, la sanación y la justicia. No son soluciones mágicas, pero sí herramientas fundamentales para reconstruir los tejidos sociales rotos por la violencia y la exclusión. Apostar por ellas es apostar por una humanidad más digna, plural y compasiva. El desafío es aprender a escuchar no solo con los oídos, sino con el corazón, reconociendo que cada cultura comporta una forma de ver, sentir y habitar el mundo y desde ese reconocimiento de la identidad propia emerge la tierra compartida de la humanidad.

5. EL DIÁLOGO INTERCULTURAL ES MÁS QUE UN ACUERDO: ES UN ACORDE

En algunos discursos sobre interculturalidad, suele afirmarse que el diálogo debe conducir a un "acuerdo". Esta noción, aunque bien intencionada, carga consigo un trasfondo que puede operar de modo reduccionista en contextos de diversidad cultural. Un acuerdo presupone que las partes involucradas deben llegar a un punto común, en el que las diferencias queden subordinadas a un marco compartido —frecuentemente definido solo por alguna de las partes. La fusión de horizontes no hay que entenderla necesariamente como una forma de alcanzar el consenso, en el que se alcance una visión unificada de la realidad que reorganice la diversidad en una nueva síntesis universal. En el diálogo intercultural cada interlocutor termina con diferentes perspectivas, eso sí, ampliadas y enriquecidas, que sin embargo pueden interrelacionarse para hacer frente a problemas comunes. El diálogo así no aspira a la unidad, sino que invita a un aprendizaje desde cada posición para llevar a cabo una reforma creativa de las tradiciones y las prácticas sociales, en la que se van entretejiendo lazos de respeto y solidaridad, especialmente valiosos para la resolución de conflictos.

Por ello, desde una perspectiva eminentemente hermenéutica, proponemos otra imagen: el diálogo intercultural no es un acuerdo sino un acorde. Un *acuerdo* busca la uniformidad; un *acorde* mantiene la diferencia y genera una armonía dinámica a partir de la tensión entre las voces. En un acorde, las notas no se disuelven unas en otras: resuenan juntas, conservando su singularidad y produciendo un sentido mayor, sin necesidad de fusión ni imposición.[243]

---

[243] Cf. Carlos Miguel Gómez-Rincón (2023) Taking the Truth of Others Seriously. The Perspective of Intercultural Hermeneutics, *Journal of Intercultural Studies*, 44:4, 521–535.

A este respecto la lógica del consenso puede actuar como neutralizador de la diferencia. Es cierto que existen diversos niveles de consenso y que en su dimensión trascendental resulta difícil no asumir determinados principios acerca de los derechos y libertades fundamentales o el valor incondicional de la dignidad de todo ser humano.[244] En ese sentido el acuerdo en su nivel trascendental (referido a las condiciones de validez) no sería algo que hubiera que anular sino asumir como presupuesto superando las limitaciones de hechos pasados (presupuesto contrafáctico). Pero desde el punto de vista de la hermenéutica intercultural que proponemos no basta con estos acuerdos, ¡son necesarios, pero no suficientes![245] Hay que desarrollar los acordes, incluso cuando estos puedan mantener ciertas disonancias entre las diversas voces. Este es el desafío, no extirpar el elemento particularista; para decirlo con Charles Taylor, "hace falta que me particularice", especialmente en un contexto que ha desarrollado la racionalidad hacia cotas cada vez más abstractas y generales. Y eso no ha de ser visto como una exclusión del universalismo de la dignidad humana, pero sí de determinados discursos monológicos incapaces de entender el grado de concreción que es necesario para poder articular un diálogo en el marco de formas de vida auténticas.

Uno de los principales obstáculos que encontramos es la resistencia a dejar la puerta abierta a la diversidad, incluso al disenso y la discrepancia. No buscando subsumir bajo un mismo prisma la enorme diversidad de puntos de vistas, ampliando el margen de lo humanamente posible. Pero esta apertura

---

[244] En la estela del trascendentalismo kantiano pero ampliado a la dimensión discursiva del diálogo, la pragmática trascendental de Karl-Otto Apel constituye un interlocutor insustituible para recuperar la pregunta acerca de las condiciones de validez de todo diálogo. En este sentido estaría injustificado renunciar a las aportaciones que desde este nivel de reflexión trascendental puede aportar la comunidad ideal de comunicación como ideal regulativo de la razón práctica. He desarrollado estas ideas en J. Gracia, "La ética del discurso de Karl Otto Apel en diálogo con la ética hermenéutica de Charles Taylor", *Daimon* nº 78, 2019, pp. 91–106.

[245] Estamos de acuerdo con la tesis de que la "dimensión argumentativa defendida por Habermas a partir de los presupuestos pragmáticos de la argumentación resultan ser insuficientes por cuanto no ofrece los lineamientos necesarios para poder adentrarse en un diálogo cuyo proceso de aprendizaje colaborativo acaece entre participantes que utilizan distintos patrones de razonamiento para argumentar a favor de su proyecto de vida". Hidalgo, Catalina. "Hermenéutica y argumentación: aportes para la comprensión del diálogo intercultural". *Estudios de Filosofía 54 (2016), p. 120.*

a la diversidad no solo es un ejercicio de reflexión teórica o de abstracción de la particularidad, sino que implica hacerse cargo de la propia particularidad, para no proyectarla sobre otros. Y al reconocer dicha particularidad, reconocer la diversidad de puntos de vista. De nuevo la crítica como discernimiento no es una operación de abstracción sino al contrario de adquirir mayor concreción, de asumir con mayor lucidez la limitación de la propia comprensión. De no buscar imponer sino escuchar. Estamos demasiado imbuidos a articular discursos que busquen darnos la razón. Pero aquí estamos ante una nueva forma de pensar la racionalidad en los términos dialógicos de la conversación.

Sería un error creer que la hermenéutica intercultural apunta a un tipo de racionalidad débil. Al revés, se trata de un mayor compromiso, donde la interpretación redunda en una nueva auto-interpretación. Se llega a entender porque se tienden puentes en las dos direcciones no en el plano de la verticalidad de posiciones centristas sino aproximando progresivamente las dos orillas, sin dejar de cuestionar y escuchar. Esto implica un cambio radical en el modo de concebir la relación con el otro. Para decirlo con Panikkar, se requiere de una "conversión" en el modo como nos relacionamos con los otros que son culturalmente diferentes. Así, la conversación adoptaría los rasgos de una conversión por lo que respecta a la relación personal con los otros. Por ello, ni la racionalidad de la persuasión ni la puramente retórica pueden recoger la significación que implica el encuentro intercultural. Al procurar entender el trasfondo cultural se trata de desafiar la presunta verdad lógica que pretende captar juicios veritativos por esa otra forma de racionalidad intercultural que se teje desde la conversación y conduce hacia la conversión.[246]

Frente a esta visión reductora, proponemos la imagen del *acorde* como metáfora del diálogo intercultural auténtico. Un acorde musical no es una unidad estática, sino una forma de pluralidad en resonancia. Cada nota conserva su tonalidad, su ritmo, su color, pero produce junto a las demás una experiencia auditiva nueva e irreductible a sus partes. El *acorde intercultural*, en este sentido, es una conversación entre diferencias que no se anulan, sino que se componen. Y como en la música, esta composición requiere escucha, tiempo, paciencia y disposición a lo imprevisto.

---

[246] Zaida Espinosa ha mostrado recientemente cuáles son los fundamentos epistemológicos de la educación intercultural a partir de la hermenéutica intercultural de Raimon Panikkar. véase *Studies in Philosophy and Education*, vol. 42, nº 5, 501–515.

Pensar el diálogo como acorde no es solo una metáfora sonora, sino una propuesta estética y política. En un mundo globalizado, donde las culturas conviven a menudo sin comunicarse, desde la hermenéutica intercultural el desafío no es tanto alcanzar consensos formales, acordar los procedimientos (que sin duda son una garantía ética y jurídica), sino generar formas sensibles de convivencia en la diferencia. En este marco, la resonancia sustituye al control: el diálogo no impone, sino que hace vibrar y resonar en cada uno. El ritmo sustituye al procedimiento: cada cultura aporta su tiempo, su cadencia. La apertura sustituye al cierre: no se trata de llegar a una conclusión, sino de abrir nuevos y diversos sentidos, reconocer la diversidad. Las escalas (ascendentes y descendentes) sustituyen a las jerarquías inamovibles. El diálogo como acorde es una forma de razón vibrante, sensible, que no teme la ambigüedad ni la pluralidad, que permanece abierta al sentir, al silencio, a la trascendencia y al otro. Desde el enclave de la hermenéutica intercultural podríamos afirmar también que la razón que no vibra no puede llegar a entender.

6. EL DIÁLOGO INTERCULTURAL HACE RESONAR LAS CUERDAS DE RAZÓN Y CORAZÓN, LA RAZÓN ANCLA EN LA COMPASIÓN

Siguiendo con nuestra bella metáfora musical y la más que oportuna polisemia del vocablo, la "cuerda" simboliza a aquella persona que hace sonar su propia voz (de hecho, son dos las cuerdas vocales que en el cuerpo humano hacen sonar la propia voz). Una voz que se entona desde la experiencia hermenéutica y que no solo contiene ideas y conceptos sino también afectos y emociones. Pero, más hondamente, la cuerda en alusión a la "persona cuerda" es aquella que es capaz de encontrar la armonía entre la razón y el corazón. Pues como recordara José Ortega y Gasset aludiendo al enjundioso legado del humanista valenciano Joan Lluís Vives, "las raíces de la cabeza están en el corazón" (Ortega, 2006: 208).[247]

---

[247] No es el momento aquí de detenernos a explorar el valioso legado de Joan Lluis Vives. Con José Ortega y Gasset, pero tal vez más allá de él, aún haya que seguir yendo "en busca del humanismo perdido" del filósofo valenciano, especialmente por lo que respecta a su valiosa e influyente teoría de los afectos (por ejemplo, en su obra *De anima et vita*) en la filosofía posterior. Cf. Vilaroig, J. (ed.) *En busca del humanismo perdido. Estudios sobre la obra e Juan Luis Vives*, Comares, Granada, 2017.

La coda de la imagen musical es que el diálogo intercultural implica polisemia y pluralidad de sentidos, de "sentidos sentidos", es decir, de sentidos personalmente sentidos y vivenciados por las personas y no solo abstractamente ideados desde la posición de un observador imparcial o presuntamente neutral. En este sentido (el sentido sentido, por abundar en la polisemia del término), la razón del diálogo intercultural no es ni puede ser aséptica ni neutral, está inserta en un horizonte vital, en un contexto cultural, con un trasfondo de sentido(s), donde a la luz de prácticas ancestrales es posible "pensar con el corazón y sentir con la cabeza".[248]

La razón del diálogo intercultural no puede ser instrumental. Este tipo de racionalidad por más que ha sido adalid de una modernidad que ha preconizado el cálculo y la experimentación científica, sin embargo, es inapropiada para sostener el peso y gravedad de lo humano. Es inapropiada porque es impersonal, incapaz de que la propia persona se apropie de sí. La razón instrumental constituye uno de los principales escollos y, para decirlo con Charles Taylor uno de los principales motivos del "malestar de la Modernidad". Baste con destacar el protagonismo y el predominio que la racionalidad técnica adquiere en la Modernidad alimentada por el interés de dominio, el control y el cálculo. Incluso incurriendo en la "contradicción última" de los remedios rápidos de las "técnicas, basadas en supuestos hallazgos científicos, para alcanzar la integridad psíquica o la paz de espíritu".[249]

Reducir el diálogo a un conjunto de técnicas es una tentación de la razón instrumental que hace del diálogo una herramienta de manipulación retórica, priorizando la eficacia de llegar a acuerdos superficiales y sin reparar en las distinciones sustantivas, renunciando a la diversidad. Esta imagen del diálogo surge de una mentalidad meramente instrumentalista que busca dialogar para evitar conflictos o cumplir con agendas políticas. La interculturalidad

---

[248] En el marco de la filosofía intercultural desde Latinoamérica de Raúl Fornet-Betancourt y recogiendo la expresión de Orlando Fals Borda se podría hablar de "sentipensares" situados donde la clave es poner en diálogo a tales sujetos, no sólo para lograr posibles comprensiones teóricas sino también mejores formas de convivencia entre los seres y grupos humanos entre sí y con todos los seres vivos. Cf. Bonilla, A. B., "Intercultural Philososophy as translation and Dialogue between Situated 'Sentipensares'", *Revista Guillermo De Ockham*, 22(1), 75–89.

[249] Taylor, C., *Ética de la autenticidad*, op. cit., p. 92

deviene de este modo una estrategia de mercado, la diversidad una imagen sin incidencia en las actitudes y los hábitos de las gentes, esto es, carente de calado ético. El tipo de diálogo resultante se vuelve técnico, sin alma, sin corazón y acaba reproduciendo relaciones de poder tecnocráticas y no de reciprocidad ética.

Mas frente a la lógica instrumental, el diálogo en clave de hermenéutica intercultural propone una razón que no se limita a calcular, sino que se abre al discernimiento (la crítica) y al reconocimiento del otro como interlocutor no solo válido sino valioso. Pues el diálogo no constituye tanto una técnica como una actitud, una disposición intelectual y afectiva. Así el verdadero conocimiento no solo pasa por la mente sino por el corazón. Solo es posible el entendimiento cuando uno se deja afectar por el otro y el otro por el uno. Recordemos una vez más que el diálogo intercultural no se da en el plano de la teoría sino de la experiencia (*Erfahrung*) y que no hay entendimiento sin transformación mutua. Es decir, la autointerpretación siempre está implicada en este tipo de diálogos.

Desde la hermenéutica intercultural, deshaciendo los parámetros del idealismo hegeliano, en la línea de lo que propone Fornet-Betancourt, hay que superar la comprensión todavía corriente hoy del diálogo como el intercambio entre culturas en términos de una dialéctica que se daría entre culturas 'particulares' y una supuesta cultura 'universal'.[250] Asumir esta perspectiva intercultural implica una cultura de la razón pero no en términos de racionalidad moderna monológica, que alimente una forma de "discursivismo" muy actual pero infructuoso para el entendimiento porque en su logicismo es incapaz de escuchar. Hay que procurar cultivar la razón como patrimonio de todos los pueblos y culturas humanas; una razón que se sabe abierta y dialógica en el diálogo y que implica la dimensión interpersonal enraizada en el mundo de la vida. Y el mundo de la viva hunde sus raíces, bebe y se alimenta de la memoria, la tradición y la comunidad.

Hacer resonar las cuerdas del corazón es permitir que la emoción y la ética acontezcan en la conversación. Es aceptar que la diversidad cultural no

---

[250] Fornet-Betancourt, R. (2023). Toward a philosophy of intercultural dialogue in a conflicted world. En F. Dallmayr (Ed.), *Dialogue and the new cosmopolitanism: Conversations with Edward Demenchonok*, 2023, Lexington Books, pp. 17–27.

solo debe inteligirse sino también estimarse, sentirse y celebrarse. El diálogo intercultural es mucho más que una técnica comunicativa, es un acto ético y afectivo. Frente a una cultura dominada por la razón instrumental, la hermenéutica intercultural propone un encuentro donde la razón hunde sus raíces en el corazón y la comprensión se une a la compasión.

www.ingramcontent.com/pod-product-compliance
Lightning Source LLC
Chambersburg PA
CBHW030246100426
42812CB00002B/331